亡命者トロツキー
1932-1939

ジャン・ヴァン・エジュノール
小笠原豊樹＝訳

草思社文庫

序文

何度かの中断期間を除いて、一九三二年十月から一九三九年十一月までの七年間、私はレフ・トロツキーのかたわらで過した。それ以前からトロツキーの政治組織の一員だった私は、彼の秘書兼翻訳者兼ボディガードになったのだった。この小著はその七年間の政治史ではない。あるいはこの人物の全身像を描こうとするものでもない。これはむしろ回想、私個人の回想記である。私が再現したいのは、亡命時代のトロツキーの生活と仕事にまつわる雰囲気なのである。すでに広く知られている事柄については、それが私の語りを支えるために必要なとき以外は、なるべく繰返すことを避けようと思う。従って読者には、私の語る諸事件について、ある程度の一般的知識を得ておかれることを要望したい。もう一つ、読者への要望として、時にはある種の均衡に留意していただきたいということがある。つまり、私の語りはしばしば細部にこだわるだろう。というのも、それらの細部を知っているのは私一人であり、自分とともにそれらが失われることを私は望まないからなのだが、読者はそのような細部の、より大きな前後関係《コンテキスト》を決して見失わないでいただきたいのである。

この本のなかでは、一見なんの面白味もない細部までが描かれる場合もあるだろう。しかし古い時代と古い記録文書に親しんだ私としては、いつの日か、どこかの研究者がなんらかの事実を再構成し、なんらかの文書を同定する際に、このような情報が一助になるだろうことを確信している。

トロツキーについて彼の死後に書かれたものには、たとえそれが善意の人物による書きものであっても、かなりの量の事実関係の誤りが含まれている。巻末の付録で、私はそれらの誤りの一部を正そうと思う。しかし特に誤りを指摘しない場合でも、しばしば私の文章自体が従来の論述に見られる明白な誤りへの反撥として書かれている。ほとんど知られていないエピソードや、ひどく歪められた事件について、私は詳述し、記憶している限りの細部を伝えたいのである。いくたびも繰返される誤りは多くの場合ただの不注意の、時には単なる無知の産物にすぎない。それにしてもトロツキーという人物には、神話生成活動を運命的に誘い出してしまうように見えるところがあり、そのような活動に対しては、できるだけ正確で具体的な文章を提供することによって戦わなければならないと私は思った。一方、トロツキーに対するスターリン主義者の中傷はあまりにも多量であり、かつ長期間にわたったから、その悪臭は今もなお処々方々に残っている。悪臭を払うには、トロツキーがどのように生きたかを率直かつ正確に語るに若《し》くものはない。

私は人間の記憶の頼りなさをよく知っている者であり、自分の書いたものに誤りが全くないなどと自惚れるつもりはない。だが私は当時、折にふれ備忘録をつけていたし、その後、私自身が整理したトロツキー文庫を自由に閲覧することもできた。記述された多くの事柄はいくたびもの確認作業を経ている。

レフ・トロツキーという人間全体についての、その思想や性格についての批判的検討をこの回想記に混入させることは、この際、適当ではないと思う。それはまた別の仕事であろう。トロツキー文庫には、一九二九年から一九四〇年までの分だけでも、約二万二千点の文書が収められている。今後ほかの場所からも新発見の文書が出てくるだろう。これらの文書のなかには約四千通のトロツキーの手紙がある。手紙の内容あるいは文体の面から見て、トロツキーは偉大な書簡文作者だった。このような資料も今後の活用を待っているのである。

現在に至るまで、トロツキーの著作は全面的な呪いの対象か、さもなければ敬虔な崇拝の対象か、どちらかに決められていたと言っても過言ではあるまい。しかし、それらの著作に必要なのは批評なのである。さまざまな思考とその繋がり、適用された論法、さまざまな展望とその変化などを、批評しなければならない。更には、文体の吟味や比喩の研究などを含めた文学的批評からは、この人物の個性を洞察する道が展けるだろう。これらもまた残されている仕事だが、私が本書で企てたのはそのことではない。この小著によって提供されるものは、そのような仕事のための、いわば基礎的資料である。

今までにトロツキーとの生活のあれこれのエピソードを語ったとき、一再ならず経験したことだが、しばしば聞き手は私の予想とは全く違う結論を出すのだった。聞き手を自分と同じ結論へ導こうと思ったとすれば、私はことばの力にも限界があることを知らなかったに違いない。この本では慎重にことばを選んだつもりであるけれども、結果はどんなものだろうか。恐らくこれからも誤解は絶えないと思う。過ぎ去った日々の経験は物体のように手から手へ受け渡されるものではない。この場合、受け渡しはすなわち再構築であり、書く側の再構築と読む側の再構築は時として相異なる。これだけ断っておいて、さて本文に移ろう。

J・ヴァン・エジュノール

亡命者トロツキー◉目次

第1章

プリンキポ

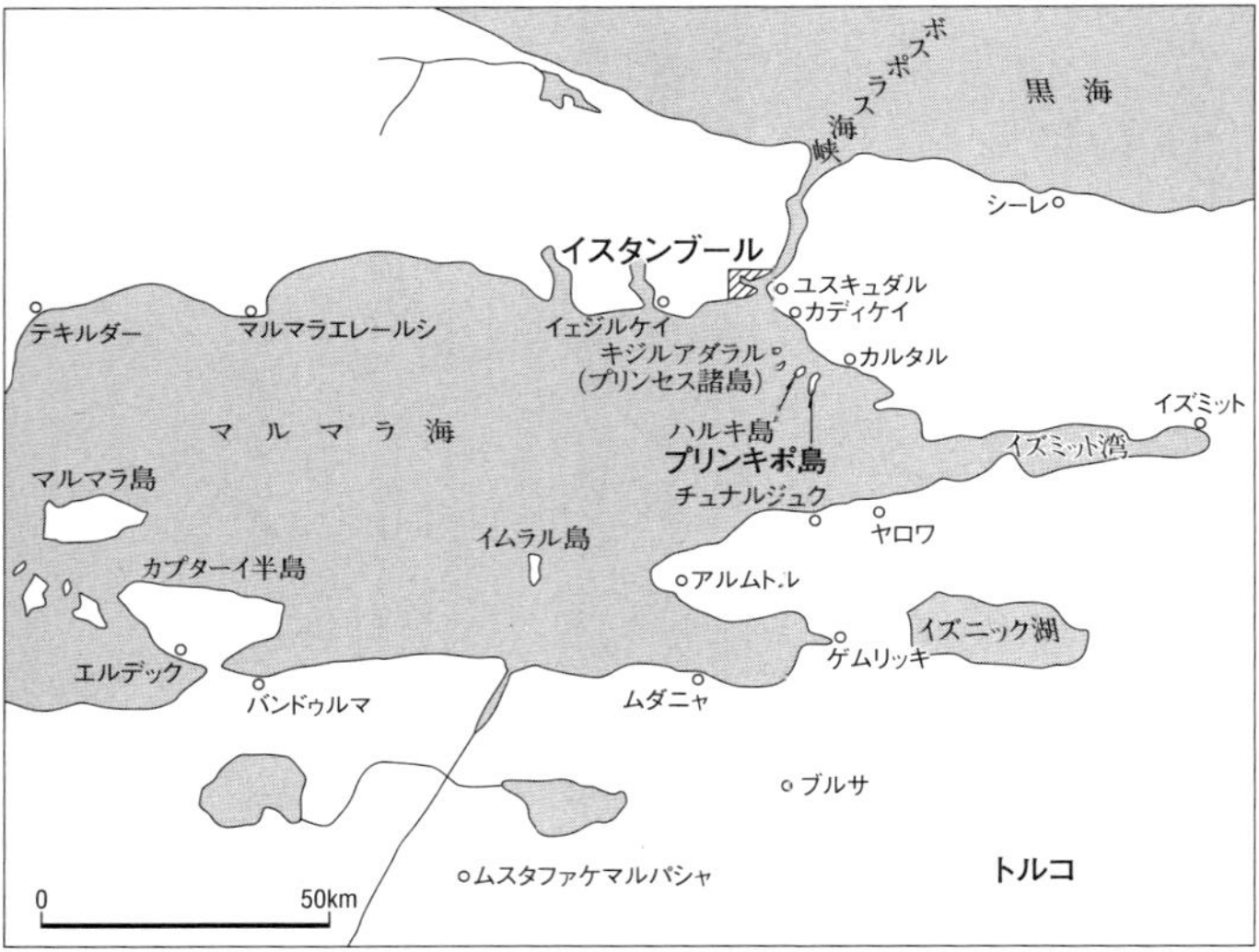
黒 海
ボスポラス海峡
シーレ
イスタンブール
ユスキュダル
カディケイ
カルタル
テキルダー
マルマラエレールシ
イェジルケイ
キジルアダラル
（プリンセス諸島）
イズミット
マ ル マ ラ 海
ハルキ島
プリンキポ島
イズミット湾
マルマラ島
チュナルジュク
ヤロワ
イムラル島
カプターイ半島
アルムトル
イズニック湖
ゲムリッキ
エルデック
バンドゥルマ
ムダニャ
ブルサ
ムスタファケマルパシャ
トルコ
0
50km

共産主義者連盟（リーグ・コミュニスト）

私がプリンキポに着いたのは一九三二年十月二十日のことである。私は二十歳だった。九年間の寄宿学校生活を終えたばかりで、社会への反逆の気概に燃えていた。十五歳の頃から私は自らを共産主義者と見なしていたが、初めはルソー主義的、ユートピア的色合いの濃い考え方で、やがて大恐慌とその影響のなかで、より直接に政治的な、行動主義的な態度に傾いていった。こうして一九三二年の春、当時のフランスのトロツキスト・グループであった共産主義者連盟（リーグ・コミュニスト）の一員になったのである。その頃は党員証のようなものはなかった。党員の数はきわめて少なく、パリで実際に活動していたのは二十名そこそこだった。私が参加したこのグループの活動は、主として討論会を開くことと、労働者が家路を急ぐ夕方には地下鉄の入口で、日曜の午前中には労働者街の路上で、週刊紙「真実《ラ・ヴェリテ》」を立売りすることだった。夜おそくポスターを貼りに出ることもあったが、この場合はポスターに必要な印紙代がなかったので、よく警察署に引っ張られた。私は共産党あるいは共産主義青年同盟を経由せずにこの連盟に入った最初の人間である。私以前に連盟に入ったのは、例外なく、右の二つの組織のどちらかから除名された人たちだった。

連盟が結成されたのは一九三〇年のことだが、その内実は決して平穏ではなかった。一九三二年当時、指導部は二つのグループに分れていて、その一つはレーモン・モリニエとピエール・フランクのグループであり、もう一つはピエール・ナヴィルとジェラール・ロザンタールのグループである。前者はトロツキーの信頼を得て、優勢を保っていた。モリニエとナヴィルの気質あるいは性格の違いは絶え間ない揉めごとの源だった。一九三〇年には、結成されたばかりの組織の存在そのものを脅かすような危機が訪れた。その際、和解はトロツキーに命じられて成立したのだった。私が連盟に入った頃は、二つのグループのあいだに深刻な政治的不和はなかったので、組織内部の日常は比較的平穏だった。しかしモリニエとナヴィルの対立は、その後何年にもわたって組織の動向を左右するのである。

このフランスの組織は国際的なトロツキズム運動の一翼を担っていた。一九二三年以来、トロツキーはコミンテルンの執行部を、革命の道から逸脱していると批判してきた。しかしスターリンによって一九二九年にロシアから追放された後もなお、自分の目的はコミンテルンを革命の正道に引き戻すことであって、対抗する組織を作ることではないと、トロツキーは考えつづけていた。形式上は公的機関の地位から除名されてはいても、トロツキストたちは一つの反対派を——今は排除されているが、いずれはコミンテルンの組織内に正当な地位を獲得する一分派を——形成しているものと自らを見なしていた。《われわれのイデーは諸君のイデーとなり、やがてコミンテルンの綱領として表明されるだろう》と、数年前にトロツキーは書いていた。

一九三二年の中頃、トロツキストとスターリニストの主な争点はドイツの情勢だった。ヒトラーは着実に上昇をつづけ、労働者の二大政党、数百万の支持者をもつ社会民主党と共産党は、反目しあい、沈滞していた。ドイツ共産党はスターリンの指令に従って社会民主党をナチと同一視し、社会民主主義者とのいかなる共同行動をも拒んでいた。ナチズムと社会民主主義とは「双子」であるというのが、一九三二年初頭のスターリンの深遠な発見だったのである。ドイツ共産党の活動の根拠は、社会民主主義者の実態は「社会ファシスト」であるという理論だった。一九三一年七月、ある共産党の出版物は公言している。《〔ドイツ共産〕党は社会民主主義との戦いに総力を投入しなければならぬ》。ヒトラーの姿にまざまざと現れていた危険は矮小化され、ナチの運動は崩壊寸前であると、いくたびもドイツ共産党の指導部は言明した。トロツキーは警鐘を打ち鳴らした。辛辣さと気迫にあふれた一連の論文やパンフレットで、彼はドイツ共産党の馬鹿げた政策を弾劾した。今日振り返ってみるならば、それらの書きものは亡命中のトロツキーが生み出した最も輝かしい著作物だったように思われる。

一九三二年七月、ドイツの情勢は俄かに悪化し、事態は右へ大きく傾いた。フランス共産党は、ドイツ共産党とコミンテルンの正当化不可能な政策を正当化しようとして、七月二十七日、ビュリエで大集会を開くことを呼びかけた。ビュリエというのはサン＝ミシェル大通りの外れにあった巨大なダンスホールで、数千名を収容することができ、政治集会に時折利用されていた。共産主義者連盟はこの集会で発言することに決めた。社会主義者と共産主義者の諸組織はヒトラーに対抗する統一戦線を結成すべきだと、私たちはもう一度主張したかったのである。ホールは満員だった。二十名そこそこの私たちは人込みのなかで固まっていた。共産党公認の弁士が一人か二人登壇し、ドイツにおける最大の敵は社会民主党だと繰返したところで、私たちは火蓋を切った。レーモン・モリニエが叫んだ。「われわれに発言させろ、五分間でいい、声明文を読むだけだ！」そしてドイツの深刻な政治情勢について、ヒトラーに対抗する統一戦線の必要性について、モリニエは更に付け加えようとしたが、喋り終えることはできなかった。フランス共産党の幹部の一人で、トロツキスト攻撃の専門家として有名だったピエール・セマールが合図をすると、すでに私たちを監視し、周りを取り囲んでいた警備係の連中が、矢庭に椅子を振りかざして私たちに襲いかかった。私は一番ひどくやられた者の一人だった。助け出されたとき頭は血まみれになっていた。

プリンキポ入りしたトロツキー一家

プリンキポへ行って、トロツキーの秘書になる気はないかと、レーモン・モリニエから持ちかけられたのは、それ以前、六月頃のことだった。誰か人手が必要ということで、モリニエが私を選んだ理由の一つは、少し前から独学で私がロシア語を学んでいたからだと思う。出発は何度も延期されたが、ようやく十月十三日にマルセーユでラマルチーヌ号に乗り、ナポリとピレーフスに寄港して、二十日の朝、イスタンブールで船を降りた。あとで聞いたところによると、当時プリンキポにいたピエール・フランクが迎えに来ていたのだが、私が猛烈な速さで下船したために見つからなかったのだという。同じ波止場から私は直ちにプリンキポ行きの小さな外輪船に乗りこみ、昼近く、旅行鞄を提げて島に上陸した。目指す家の門に着くと、そこに立っていた警官にメモを渡した。迎えに出て来たのはヤン・フランケルだった。玄関のホールでヤンと話していると、トロツキーが書斎から下りて来た。着ていたものは白い麻の背広で、トロツキーはヤンにむかって私のことをこんなふうに言った。「この人はオットーに似ているね」。オットーというのは当時この家に住んでいたオットー・シュスラーのことである。彼も私と同じように髪はブロンドだが、似ているのはその点だけで、背恰好や顔つきはだいぶ違う。

レフ・トロツキーがロシアから追放されたのは一九二九年初めのことだった。オデッサを発って、一九二九年二月十二日にイスタンブールに着いたとき、同行していたのは二度目の妻、ナターリヤと、当時二十三歳の長男リョーヴァである。トロツキーとナターリヤがロシアに残してきた二男のセルゲイは技術者で、政治には関わりがなかった。到着して二カ月後に、トロツキーとナターリヤとリョーヴァは、マルマラ海のプリンキポ島に居を定めた。トロツキーの最初の結婚で生れた長女ジナイーダ、通称ジーナは、一九三〇年の暮近くにロシアから出国し、息子のフセヴォロト、愛称セーヴァを連れて、一九三一年一月八日にプリンキポへ来た。リョーヴァは一九三一年二月十八日にプリンキポを発ち、技術者としての勉強を再開するために、また革命運動に参加するために、ベルリンへ行った。ジーナも一九三一年十月二十二日にトルコを離れ、医者の治療を受けるために、セーヴァをプリンキポに残して、ベルリンへ行った。

私がプリンキポに着いたとき、秘書兼護衛としてこの家に住みこんでいたのは、プラハから来たヤン・フランケルと、パリから来たピエール・フランクと、ライプツィヒから来たオットー・シュスラーの三人である。ロシア人のタイピスト、マリヤ・イリイニシナ・ペヴズネルは、イスタンブールのアパートに住み、朝出て来て夕方帰るのだった。海が荒れている日は、プリンキポの小さな宿、サヴォイ・ホテルに泊った。

一九三〇年四月十五日にプリンキポに来たヤン・フランケルは、いわば正式の秘書だった。この人物が来たおかげで、リョーヴァはベルリンへ発つことができたのである。一九三二年五月に来たオットー・シュスラーはドイツのトロツキスト・グループの幹部の一人で、一九三二年七月十五日に来たピエール・フランクはフランスのトロツキスト・グループの幹部の一人だった。この二人はどちらもいわば訪問客としてプリンキポへ来たのだが、仕事がたくさんあったために滞在が長びいてしまったのだった。実際上、秘書と訪問客の違いは明確ではなかった。私はといえば、養成期間を経たのちに、フランケルの地位を継ぐことになっていた。

プリンキポはマルマラ海の小さな群島のなかで最も重要な島である。この群島は、人の住む主要な四つの島と、小さな五つの無人島とから成る。人の住む四島のうち、プリンキポはイスタンブールから最も遠い。距離はおよそ三十キロで、イスタンブールのガラタ橋から出発する外輪船は他の島に寄港しながら、約一時間半かかってプリンキポの船着場に到着した。

プリンキポ島は周囲約十五キロだが、大部分は無人状態だった。人口は船着場の近くの村に集中し、ほとんど小さな町をかたちづくっていた。島の北側の海岸沿いには別荘が立ち並び、西へ行くにつれて次第に疎らになった。島の南西部分には全く人家がなかった。海岸から離れて島の内部に向う道はかなりの急坂だった。一番高い地点は海抜二百メートルほどの高さで、そのあたりにギリシャ正教の修道院があった。島の内部は松の木に覆われ、松の強い香りがいつも空中に漂っていた。土は赤みがかった色だった。海と空は一日のさまざまな時刻に絶えず変化する鮮やかな色合いを見せた。明け方や夕方には他では滅多に見られないような菫色や藤色が見られた。

島の東方、数キロ離れた所にアジア側の岸があり、北西の方角には、もっとずっと遠い所にヨーロッパ側の岸が辛うじて認められた。この群島のなかでプリンキポに最も近い、人の住む島ハルキは北西一、二キロの所にあった。島々の姿、アジア側の岸、プリンキポの植物、空——これらマルマラ海の風物は全体として世界一美しい眺めを構成していた。私がプリンキポを再訪したのは一九七三年のことである。島には人家が甚だしく増えていた。一九三二年当時アジア側の対岸にあった小さなカルタル村は、今やイスタンブールの郊外と化し、住宅が密集している。マルマラ海は汚染され、アジア側の岸に立つセメント工場がプリンキポの上空に絶え間なく煙の渦を吐き出している。

一九三二年当時、プリンキポの行政権と警察権はもちろんトルコ人の手にあったが、住民の大半はギリシャ人だった。この群島のすべての島には、ギリシャ語とトルコ語の二通りの名称がある。プリンキポはトルコ語ではビュユッキ・アダといい、これは大きな島という意味である。ギリシャ語のプリンキポは王子の島という意味であり、ビザンチン帝国の皇帝は不興を買った王子たちを、しばしば目を抉った上でこの島に流したのだった。

トロツキーが移り住んだ家

トロツキーが住んでいた別荘は船着場から歩いて十五分、北側の海岸の、人家が疎らになり始めるあたりにあった。四、五十年前に建てられたこの家は堅牢な造りで、恐らくイスタンブールの有力者の夏の住いだったのだろう。家は広い長方形の庭を、通りの側と海の側に二分していた。庭のまわりには二メートルほどの高さの石塀が巡らされていた。家の前の通りはハムラジ・ソカギという名の狭い道で、この道は下り坂となって海にぶつかり、そこで行き止りである。入口の小さな鉄の門を入ると、右手に小屋があり、そこに四名から六名程度のトルコ人の警察隊が常駐していた。左手には家の玄関に通じる小径があった。かなり荒れた感じの庭は到る所に背の低い灌木や花があり、昼さがりには蜥蜴《とかげ》たちが塀にへばりついて日向ぼっこをした。この家は玄関からまっすぐ通り抜けて海側へ出ることが可能だった。海側の庭は海にむかっての急斜面で、地中海独特の植物が繁茂する間をジグザグに小径が走っていた。庭の外れの門をあけると、そこは大きな石材で頑丈に作られた、この家専用の船着場だった。

家の主要部分は一階と二階で、一階には玄関のホールの奥に広い中央の部屋があり、大きな窓とガラス戸の向うに海が見えるこの部屋は食堂に使われていた。入口のすぐ左側には警備用の詰所として使われていた部屋があり、その奥の部屋は、私が到着したときは、ピエール・フランクとオットー・シュスラーの私室になっていた。右側には台所と、もう一つの部屋があった。二階の中央部分は幅広い廊下で、その突き当りは海に面したバルコニーだった。廊下の両側の壁には作り付けの本棚があり、本や資料がぎっしり詰めこまれていた。廊下の左側にはトロツキーとナターリヤの専用の浴室があり、つづいて二人の寝室があった。右側には、まずヤン・フランケルと私の部屋があり、次に私たちが事務室と呼んでいた小さな部屋があった。そこはマリヤ・イリイニシナの仕事場であり、きちんと整理された手紙類が置かれていた。そして一番奥の角部屋がトロツキーの書斎で、そこは二方向に窓のある明るい大きな部屋だった。三階には私たちが新聞雑誌類を置いておいた屋根裏部屋があり、料理人の寝室があった。この家には電話というものはなかった。緊急の場合は歩いて十分の距離にあるサヴォイ・ホテルの電話を利用した。

家全体には家具類が極端に少なかった。私たちは住んでいるというよりは、キャンプをしているといった有様だった。どの部屋の壁も石灰で白く塗られていた。しかしこの家は広々としていたし、湿気は少なく、光はふんだんに採り入れられていた。

イスタンブールに着いたとき、トロツキーとナターリヤとリョーヴァは、まずソビエト領事館に三週間ほど滞在したのだった。三人は客人であり同時に囚人でもあるという曖昧な立場に立たされていた。この過渡的な状態は長続きしなかった。三月五日、三人は領事館を出て、ペラ大通りのトカトリヤン・ホテルに落着いた。三月六日、トロツキーはパリのモーリス・パスに宛てて次のような電報を打った。《自由ノ身デホテルニ滞在中、住居ヲ探シテイル、ヨロシク、レフ》。この電文の最初のことばは、ソビエト領事館にいたあいだのトロツキーの気持を明らかにしている。トカトリヤン・ホテルで数日を過してから、新参の亡命者たちはリョーヴァが探してきた家具付きアパートに移った。そこはイスタンブール市シシリ区のボモンティと呼ばれる場所で、正確にはイゼット・パシャ通り二九番地である。四月の末に、三人はプリンキポ島のイゼット・パシャ荘に引越した（通りの名と別荘の名が同じなので、何人かの物書きはこの点を混同している）。のちに知ったのだが、私の住んだ別荘と同じく、この別荘も島の北側の海岸にあり、但しいくらか船着場に近かった。この別荘は一九三一年二月二十八日から三月一日にかけての深夜、午前二時近くに起った火事によって被害を受けた。この火事についてはあとでもう一度語るだろう。火事の翌朝、トロツキーはサヴォイ・ホテルに移り、そこで三週間暮した。そして同年三月の末にはプリンキポ島を出て、アジア側の対岸の小さな町カディケイのモーダという地区、正確にはシファア通り二二番地の別荘に移り住んだ。再びプリンキポ島に戻り、私がさきほど描写した別荘に住み始めたのは、一九三二年一月のことである。

　さて、この家に入った私は共同生活に急速に溶けこんだ。私が第一に適応しなければならなかった重要な活動といえば、それは釣である。庭の下の専用船着場には二艘の釣舟がつないであり、どちらも十六フィートほどの大きさだった。片方の舟は船外機を備えていた。ギリシャ人の漁夫でハラランボスという名の純朴な青年が舟や釣道具の面倒を見てくれた。私たちが出かけるのはいつも午前四時半頃だった。あたりはまだ真っ暗である。トロツキーは元気な足どりで船着場への小径を下りて行く。ごく稀には、ナターリヤもこの早朝の釣に加わることがあった。私たち秘書は一人あるいは二人が必ず同行することになっていた。他にはトルコ人の警官が一人付き添った。下の船着場では、ハラランボスがすでに用意万端整えていて、私たちはすぐ出発する。まもなく空は薄紫に染まり始める。海釣というのはかなり忙しい、時には体力を消耗させるゲームであって、釣竿や網の使い方は季節や魚の種類によって異なり、その点は主人顔のハラランボスが采配を振るのだった。当時のマルマラ海は非常に魚が豊富で、私たちはいつもたくさんの魚を持ち帰った。一番多かったのは比売知《ひめじ》と、私たちが「パラムート」と呼んだ非常に大きな魚で、鰹《かつお》の一種であるこの魚は形や色は鯖《さば》に似ているが、鯖よりはよほど大きい。他にもいろいろな魚が捕れた。食事には魚料理が出ることが多かったが、それでも私たちが持ち帰った獲物は少しも減らなかった。残った魚はプリンキポの病院にお裾分けした。

ときどきハラランボスは夕方近くロブスターを捕るための籠を仕掛けに行き、翌朝、私たちはそれを引上げに出掛けた。ある日、三十匹ほどのロブスターを持ち帰ったことがあり、トロツキーは得意そうにそれらを食堂の床にずらりと並べた。小さな延縄《はえなわ》を夕方仕掛けたこともあったが、あるときなど鮫《さめ》が夜中に餌に食いつき、糸を引上げると二メートルもの怪物が現れたので、拳銃で撃ち殺さなければならなかった。

釣といえば、私の到着以前に釣にまつわるいくつかの出来事があり、それらの話はいわばプリンキポ伝承の一部として私も聞かされたのだった。あるとき、リョーヴァのつれあいのジャンヌが、トロツキーの釣に同行した。ジャンヌには自然尊重主義《ナチユリスム》の傾向があった。網いっぱいにかかった魚たちは釣舟の底で死に瀕していた。ジャンヌは両手で魚をすくい、海に投げこみ始めた。こういうやり方をトロツキーが喜ばなかったことは言うまでもあるまい。伝承の一部となっていたもう一つの出来事は、ヤロワのあたりまで遠出をしたとき、釣舟のエンジンが故障したという話である。一行はアジアの海岸に上陸し、一晩野宿をしなければならなかったという。

時たま、釣の代りに狩に出掛けることもあった。よく行った場所はアジアの海岸の、カルタル村の近くである。釣舟を砂浜に引き揚げ、そこにハラランボスを残して、犬をお供に、灌木に覆われた未開墾地、一種の叢林とでも言うべき場所に分け入った。獲物はほとんどいつも鶉《うずら》ばかりで、ごく稀には兎も捕れた。トロツキーの射撃は迅速かつ正確だった。しかしこのたぐいの狩に、釣の場合ほど熱中していないことは明らかだった。獲物がかなり少なかったせいもあるだろう。狩の遠出はいつもただの散歩のようなものになってしまい、トロツキーは歩きながらたびたび仕事のことで質問をしたが（「あの手紙には返事を出したろうか」等々）、これは釣のときは滅多にないことだった。他にトロツキーは狩にまつわる話もした。例えば、シベリアでは狼を捕るのに、一人の百姓が獣脂を塗った紐の玉を持って凄い速さで走り、玉から繰り出された紐で大きな半円形を描くと、狼はもう紐の外へ出られなくなるのだという。また、レーニンがジノヴィエフを狩に連れて行った話も出た。ジノヴィエフは狩が嫌いなので、隙を見ては乾草の山にもぐりこむ。レーニンは長靴の先を摑んでジノヴィエフを乾草の山から引きずり出した。

アジアの海岸に近い野原へピクニックに出掛けたことも何度かあった。ある日のピクニックで私はひどく日焼けし、ナターリヤはロシア式に私の肌にヨーグルトを塗ってくれた。

トロツキー追放というスターリンの誤り

四年にわたるスターリンとの党内抗争ののち、トロツキーがロシア共産党から除名され、あらゆる公的職務を奪われたのは一九二七年の末のことである。一九二八年の初め、スターリンは彼をアルマ＝アタに追放した。アルマ＝アタはカザフ共和国の首都で、ソビエト領中央アジアの東端に近く、モスクワからは三千キロ以上離れている。

そこにトロツキーはナターリヤ、リョーヴァとともに滞在した。もちろん、ゲ・ペ・ウは厳しく監視していたが、まだ或る程度の自由はあった。郵便物のやりとりはあったし、狩にも出掛けた。トロツキーがプリンキポで或る日、私に語ったところによれば、アルマ＝アタ滞在中、リョーヴァと彼は万一の場合の脱出路として、二百五十キロほど離れた中国との国境までの道を、地図の上で詳細に検討したという。

一九二八年の末、スターリンは、トロツキーをこれ以上アルマ＝アタに置いてはおけないという結論に達した。この段階でトロツキーを暗殺すれば、政治局の一部は反撥するだろうし、若いトロツキー信奉者は激怒のあまりスターリン殺害を企てないとも限らない。トロツキーを外国に追放することは一つの解決策であるようにも思われた。スターリンは長いこと躊躇《ためら》った。トロツキーとナターリヤとリョーヴァをアルマ＝アタから連れ出したヨーロッパ・ロシア行きの列車は、指令を待って待避線で十二昼夜も停っていた。スターリンはようやく決意し、トロツキーはイスタンブールへ連れ去られた。ひとたび外国へ出てしまえば、友も金もなく、トロツキーは孤立するだろうし、もし外国の新聞に文章を発表した場合、ロシア国民のあいだでトロツキーの権威を失墜させることは容易だというのが、たぶんスターリンの考えだったのだろう。

一九三二年当時、スターリンはすでに、トロツキーをロシア国外に出したのは自分の誤りだったと悟っていたにちがいない。外国でトロツキーは新たな友人たちを見出し、ロシア語で「反対派会報」を発行し、たくさんの本やパンフレットや論文を世に送り出していた。トロツキーを暗殺することによってスターリンが自分の誤りを「訂正」しようとする可能性は、年ごとに増大していた。もう一つ、別の危険もあった。当時イスタンブールに大勢住んでいた白系ロシア人たちは国内戦で戦った連中であり、当然トロツキーに敵意を抱いていた。その上、この二つの危険はたやすく結びつきかねなかった。スターリンはゲ・ペ・ウを通じて白系ロシア人を操り、トロツキー殺害を企てるかもしれない。

一九三二年のプリンキポでは、安全確保の問題は絶えざる心配のたねになっていた。私たちの時間の多くは警備の仕事に費やされた。私たちがいつも武装していたことは言うまでもない。当時愛用していたのはドイツの軍用自動短銃《パラベルム》で、のちにメキシコではコルトも手に入れた。トロツキー自身はどこから入手したのか、ちょっと珍しい小型の自動拳銃を持っていた。食事をとるためにトロツキーが一階に下りて来ると、私たちは窓やガラス戸の一部に鉄の鎧戸を下ろし、先に食事をすませた当番の者が庭や家の周囲の警備にあたった。夜は当番の者が入口のかたわらの警備室に詰め、定刻に巡回を行なったが、この巡回にはトルコ警察から一人加わることもあった。このような警備の有効性を、私は決して過信してはいなかった。金や技術を好きなだけ使える一つの大国が、孤立し、何の資金も持たず、数名の若者に守られている一個人を消そうと思った場合、勝敗は初めから明らかであろう。この懐疑的な考えは私たちの熱意や献身を弱めはしなかった。少なくとも精神異常者の犯行くらいは阻止できるだろうと思いながら、私たちはできるだけのことをした。ゲ・ペ・ウの一員だったブルームキンは、内戦時代はトロツキーの幕僚の一人だったが、一九二九年の夏、イスタンブールの街でリョーヴァと出逢い、密かにトロツキーを訪ねてきた。その後モスクワへ帰ってから逮捕され、スターリンの指令によって銃殺されるのだが、いわばこの道の専門家であるブルームキンがプリンキポでトロツキーに語ったところによれば、この家の守りを固めるには最低二十名の訓練を受けた人間が必要だという。私たちはたった三、四名で、しかも全然訓練を受けていなかった。

警備は骨の折れる仕事であり、私たちはさまざまなシステムを試みた。あるときは四時間交替にし、またあるときは一人で二十四時間ぶっつづけに警備に立った。だが本当に満足のいくシステムは遂に考案できなかった。なにしろ私たちはあまりにも小人数だったのである。熟睡中午前二時に起されて警備に立つというのは、何カ月にもわたって繰返された場合、ひどく辛いことであって、睡眠不足は私のプリンキポの思い出の一つである。昼間、私たち秘書の一人が自分のベッドに寝そべって本を読んだり、うつらうつらしたりしているとき、何かの用事で部屋に入って来たトロツキーはいつも決り文句を叫ぶのだった。「まるでロシアの難民だね！」

郵便配達夫は毎朝（当時トルコでは休日だった金曜日を除いて）たくさんの郵便物を運んできた。手紙や、新聞や、書籍や、資料の小包などが世界各地から大量に届いた。私たちはトロツキーに渡す前にすべての小包を開いたが、手紙は開封せずに渡した。当時の暗殺技術では、薄い封筒の中に殺しの仕掛けを忍ばせることはまだ不可能だろうと判断したからである。奇人変人からの手紙は毎日必ず何通か来た。ある者は聖書からの引用を書きつらね、またある者は肉体と魂の健康を保つためと称する献立を書き送ってきた。有名人の肉筆の蒐集家《コレクター》からの依頼状も少なくなかった。

最小限にとどめられた外部との接触

西ヨーロッパの新聞は三、四日遅れで届いた。当時のトロツキーは「ル・タン」と「ディ・ドイチェ・アルゲマイネ・ツァイトゥング」の二紙を読み、青鉛筆や赤鉛筆でしきりにアンダーラインを引いた。一部の記事は切り抜かれ、分類整理された。毎朝配達されるトルコの日刊紙については、私たちはどうにか見出しぐらいは読めるようになった。午後には船着場まで出掛けて、イスタンブールで発行されていたフランス語やドイツ語の小さな新聞を買い、各通信社の至急報を読むことができた。

私たちと外部の世界との接触は最小限にとどめられていた。ギリシャ人の料理女は家に住みこんでいたが、同じくギリシャ人の家政婦は毎朝通って来た。一九二九年に初めてプリンキポ島に居を定めたときは、安全確保という見地から、使用人なしですませようとしたらしい。だが間もなくその計画は諦めざるを得なくなった。この点について、ジャンヌ・マルタンは一九五九年二月二十五日付の私宛の手紙にこう書いている。

《私はあの別荘に着いたとき、秘書の仕事や外国の新聞を読む仕事（結局、英語の新聞を受け持つことにしたのですが）の他に、ナターリヤと二人でみんなの食事を作る仕事もやってもらえないだろうかと、レーモン〔モリニエ〕に頼まれたのです。レーモンの説明によると、安全確保という見地から、外部の雇い人の助けを借りるわけにはいかない、殊に食事の面では部外者を入れたくないというのです。その意味はお分りでしょう。私は引き受けました。私の役割はいくらか微妙で、むつかしく、非常に厄介なものでした。なぜかというと、L・D（原註。レフ・ダヴィドヴィチ。トロツキーを指す。同志たちにしばしばこう呼ばれた）は新聞の切抜きをできるだけ早く回してよこすように要求します（私たちがヨーロッパから来た新聞に片っ端から目を通したことは憶えているでしょう）。そして一方では、市場で食料を仕入れたり、実際に料理したりという仕事は、ほとんど私一人の肩にかかってきます。しかもL・Dは厳格な食餌制限を守っていましたから、料理はいつも二種類作らなければなりません。おまけに台所の設備は原始的だし、食事は定刻までにきちんと用意しなければならなかった。L・Dが時間の使い方にひどくやかましかったことは御存知の通りです。一度、定刻までに昼食の支度ができなかったとき、書斎から下りて来たL・Dはまた書斎へ戻ってしまい、そのあと決して下りて来ようとしなかったこともありました。こちらが呼ぶのを待つのではなくて、御自身が下りて来たとき支度ができていなければもう駄目なのです。普段から小言はいわない人ですから、そのときも何も言いませんでしたけれど、ナターリヤと私はがっかりしました》。このシステムが立ち行かなくなり、使用人の手を借りるようになったことは明らかである。

トルコ国内に私たちの友人あるいは知人は一人もいなかった。イスタンブールで唯一接触があったのはこの家の家主のアルメニア人で、私たちは月に一度ずつ家賃を払いに行き、そのついでに行きつけの商店で文房具や釣道具を買った。私がトルコにいたあいだに、トロツキーは一度か二度、イスタンブールの歯医者へ行った。私たちの借りた大きなモーターボートは専用船着場まで迎えに来て、まっすぐイスタンブールへと私たちを送り届けた。

トルコ当局から交付された在留外国人用パスポート

トロツキーがトルコに滞在した全期間を通じて、トルコ当局との揉めごとは一度もなかった。ケマル・パシャは国の独立を目指して戦っていた一九二〇年当時、ソビエト・ロシアから武器の供与を受けたが、この武器の引き渡しは当時の軍事人民委員だったトロツキーの斡旋によるものである。一九三三年にトロツキーを訪問した或る人物は、ずっと後になってそのときの模様を報告し、次のようなことばをトロツキーが語ったとしている。「戦争中トルコがギリシャと戦っていたとき、私は赤軍の力を借りてケマル・パシャを援助した。こういうことを戦友同士は決して忘れるものではない。だからこそ、スターリンから圧力を掛けられても、ケマル・パシャは私を投獄しなかったのだ」。これはトロツキーのことばを正確に伝えていないかもしれないが、事実関係は正確である。私が聞いた話では、ロシア革命の初めの頃、レーニンとトロツキーはトルコ国会の名誉議員とされていたという。一九六五年九月、ジェラール・ロザンタールは次のような話を私に語ってくれた。ロザンタールは一九三〇年の初めプリンキポ島にいた（約二カ月の滞在）。その頃、トロツキーの住居だったイゼット・パシャ荘の近くの別荘にいたトルコの高官、たぶん大臣を、ケマル・パシャが訪問した。そして副官をトロツキーの住居へ使いに出し、面会を申し込んできたという。トロツキーは体の調子が思わしくないと答え、面会を避けた。なぜか。私は正確な理由を知らない。恐らくトロツキーは当時トルコ共産党を弾圧していたケマル・パシャとの個人的接触を避けたかったのだろう。これは私の知る限りでは、トルコ高官とトロツキーの間にあった唯一の交渉の試みである。一九三二年十一月にコペンハーゲンへの旅が決ったとき、トルコ当局は何のためらいもなくトルコ在留外国人用のパスポートをトロツキーとナターリヤに交付した（二人のソビエトのパスポートは当時すでに期限切れになっていたが、それを更新することはできなかった。一九三二年二月二十日の判決によって、トロツキーとその家族はソビエト国籍を剥奪されていたのである）。コペンハーゲンから帰ってきたときも、何の問題もなく私たちは再びプリンキポ島に落着き、その後、一九三三年七月にフランスへ向けて発つときも、このパスポートが再び使用された。実の所、のちにノルウェーやメキシコに入国する際、とうに期限の切れたこのトルコのパスポートが、トロツキーとナターリヤの身分を証明する唯一の書類だったのである。

トロツキーを訪問するためにトルコ入国を希望する者、あるいは（例えば私のように）暫く滞在する者にさえ、当時必要だったビザを、トルコ当局はいつも即刻交付した。入国理由としては、出版または翻訳の仕事のためと言うだけで充分だった。

プリンキポでは、外国人は地元の警察に登録しなければならなかった。トロツキーの家に住む者には、この手続きはいつも非常に簡単に行われた。すでに述べた通り、門のそばにはトルコの警官隊が常駐していた。隊長のオメル・エフェンディはロシア語を話し、フランス語も多少話す人物で、恐らくそのためにこの仕事に選ばれたのだろう。出身はカフカス（コーカサス）地方であり、ある晩、打ち解けた話の途中で、こんなふうに始まる唄を、他の警官たちに聞えぬよう、低い声で私に歌ってくれた。

ヤ・ニ・ルースキー、
ヤ・ニ・トゥレーツキー、
ヤ・カフカースキー。
（私はロシア人じゃない、トルコ人でもない、私はカフカス人）

そんなわけで、トルコ当局との関係は穏当だったが、それ以上のものではなかった。小さな問題の解決に役立つような一部の高級官僚との継続的な繋がり（のちにメキシコで持ったような）を、私たちは持たなかった。アメリカのトロツキスト、アーネ・スウォベックは、一九三三年二月にプリンキポを訪れたとき、あらかじめ立ち寄ったベルリンでリョーヴァに頼まれて、短波の受信機を運んできた。この受信機は国境で税関に没収された。私はイスタンブールの税関に二日間通いつめて、トルコの官僚とやりあったが、結局は受信機を抜かれた空っぽのスーツケースが返ってきたのだった。

人目を引いたトロツキーの容貌

ジャンヌ・マルタンは一九二九年にプリンキポへ来たとき、トロツキーにこう言った。「お写真にそっくりですね」。するとトロツキーは答えた。「それは困った。もしそうなら私はまるで家具みたいなものじゃないかね」。しかしトロツキーは家具からは掛け離れた存在だった。彼の潑溂たる身ぶりとことばは人の注意を引かずにはおかなかった。何よりもまず人を打つのは秀でた額で、鉛直に切り立ったその額には生え際が後退する兆は全く見られなかった。次に目立つのは青くて深い目と、自分の力を確信している強いまなざしだった。フランス滞在中、警備の手間を省くために、トロツキーはしばしばお忍びで旅行しなければならなかった。そんなときはあご鬚を剃り落し、髪を脇で分けて片側に撫でつけたが、いざ家を出て人込みに入る段になると、私ははらはらし通しだった。《いや、駄目だ、外に出た途端に見破られてしまう、あの目つきは変えられない……》。そしてトロツキーが喋り始めると、最も人目を引くのは口だった。喋っているのがロシア語であろうと、それ以外の言語であろうと、唇はことばを明確にかたちづくることに専念した。他人が曖昧に、あるいはせっかちに喋るのを嫌ったトロツキーは、いつも非の打ち所のない明確な話し方を自分の義務と心得ていたのである。ただナターリヤにロシア語で話しかけるときだけは、語調がいくらか速く、曖昧になり、時には囁きにまで声が低くなった。訪問客と書斎で話すときは、初めのうち仕事机の縁に置かれていた手が、まもなく活潑に動き始め、唇と協力し合って思想を表出しようとするように、大きな力強い手振りを繰返した。後光のように髪を頂く顔や、頭の構えや、全体の姿勢は、誇らしげで、昂然としていた。背丈は平均より高く、胸は分厚く、背中は幅広くて逞しいが、手足の筋肉は華奢で、足は上半身と比べると若干貧弱に見えた。メキシコで、ある日、冗談半分に私たちは背比べをしたことがある。トロツキーは私よりもちょうど一センチだけ背が低く、つまり、身長は一七九センチと一八〇センチの間だった。

一九二〇年の秋、イギリスの女流彫刻家で、ウィンストン・チャーチルの従姉妹にあたるクレア・シェリダンが、ボリシェヴィキの指導者たちの頭像を作るためにモスクワを訪れた。なかなか興味深い彼女の回想記によれば、トロツキーは《自分の顔がどれほど左右非対称であるかを私に示した。口をあけ、歯をカチカチと噛み合せて、下顎の歪みを実際に見せてくれた》。しかしこの欠陥は大して目立ちはしなかった。クレア・シェリダンは更に記している。《彼の鼻も少し曲っていたし、一度潰されたことがあるように見えた》。そして《鼻眼鏡が邪魔なので取って下さいと私は頼んだ。そうすることを彼はひどくいやがった。鼻眼鏡を掛けていないと〈武装解除〉されたような感じで、途方に暮れてしまうのだという。鼻眼鏡を外すことはほとんど肉体的苦痛であり、自身の一部と化した鼻眼鏡がなければ、彼の人格は一変するだろうという。これは本当に残念なことだ。なぜなら本来は古典的に整った顔がこの鼻眼鏡のせいで台なしにされているのだから》。共に過した全期間を通じて、鼻眼鏡を掛けていないトロツキーを私が見たのはほんの二度か三度にすぎない。彼はナターリヤ以外の人間の前では、ほとんど全くといっていいほど鼻眼鏡を取ろうとはしなかった。それはかなり度の強い眼鏡で、それを掛けていないと、両の目は普段より小さく、また間隔が詰っているように見えた。

口述で遺した膨大な文章

トロツキーが亡命中に書いたものは、手紙と、論文やパンフレットと、単行本の三種類に分けることができる。

当時三十余りの国々にトロツキストのグループがあった。それらのグループのほとんどが更に二つあるいは三つの分派に分れ、イデオロギー面で、また組織面で激しく相争っていた。トロツキーは充分な情報を得たと判断した段階で、それらの争いに直接干渉した。これが彼の書簡の重要な部分をかたちづくっている。問題が大して切迫していない場合、トロツキーは多くの助言を含む長文の手紙を書いた。フランス語の口述を筆記するのはフランクと私で、ドイツ語の口述はオットーあるいはヤンが筆記した。ロシア語が読める相手への手紙は、直接マリヤ・イリイニシナに口述された。他には二、三日に一度ずつ、当時ベルリンにいたリョーヴァへの長い手紙が口述された。来信は事務室にあった書類綴りに分類整理された。

論文類は現実の政治問題に触発されて書かれた。トロツキーは二つの論文を同時に進行させることは稀だった。論文は、ある場合は短い覚え書きであり、またある場合はパンフレットあるいは小さな単行本程度にまで長くなった。のちに困難な状況で書かれた幾つかの短い論文を除けば、これらの論文はすべてロシア語で書かれた。大部分の発表場所は「反対派会報」である。それらは翻訳されて世界中のトロツキストの印刷物に転載された。時として、なにがしかの原稿料を稼ぐために、より一般的な性格をもつ論文がドイツやアメリカの「ブルジョア」新聞向けに書かれた。

単行本としては、「わが生涯」「ロシア革命史」「裏切られた革命」、更に「レーニン」「スターリン」が書かれた。これらの仕事は数カ月、時には数年にもわたり、他の書きものと並行して進められた。

大ざっぱに述べたが、この三つの区分はもちろん厳密なものではない。時には手紙のつもりで書き始められた文章が、表題を与えられ、論文になった。例えば「次は何か」のような幾つかのパンフレットは単行本と見なすこともできる。けれども、このような区分の仕方はトロツキーの残した厖大な書きものをある程度まで分類するためには有効であろう。この区分はまた彼の仕事の進め方にも対応している。

私がプリンキポに来たばかりの頃、釣や狩に出掛けるのは午前四時半で、帰って来るのは八時近くだった。私たちはそそくさと軽い朝食をとる。マリヤ・イリイニシナが来ると、トロツキーは口述を始める。マリヤ・イリイニシナがタイプに向っている事務室は、一つのドアによってトロツキーの書斎と繋がっていた。トロツキーは間もなく書斎と事務室のあいだを行ったり来たりし始め、歩きながら声を張り上げて、というほどでもないが少なくともかなりの大声で口述する。これがしばしば午後一時まで続いた。明確に発音される、リズミカルで音楽的な、それらのことばは私の部屋まで聞えてきた。雄弁術がまだエレクトロニクスを利用できなかった時代に、大群集を前にしてトロツキーの喉の力がどれほどのものだったか、私は垣間見るような気がするのだった。

フランス語やドイツ語の手紙の口述は、書斎で机の前に腰を下ろして行われた。トロツキーはフランス語を上手に操ったが、接続法や接続詞の使い方に多少の難があった。普通にフランス語を話す場合は、確実で、非常に自然な喋り方だった。ときどき、フランス語を話すトロツキーの口調はロシア語に見られぬ鋭さを見せ、そんなとき、フランス語のuはiに聞え、無音のeはéになった。私が判断できた限りでは、彼の文章や発音はフランス語よりもドイツ語のほうが優れていたようである。のちには英語もかなりうまくなった筈だが、一九三三年にスウォベックが、つづいてシャクトマンがプリンキポに滞在した当時は、この二人の手を借りて英語の手紙を書いていた。

私がプリンキポに来る以前、ロシア語からフランス語への翻訳はいろいろなフランス人によって行われていた。「わが生涯」を訳したのは、モーリス・パリジャニンである。パリジャニンが翻訳文をさまざまに飾り立て、トロツキーの文章に私的な註解を付け加えたことから、一連のごたごたが起ったが、このことについてはジェラール・ロザンタールがトロツキーに関する彼の本のなかで語っている（原註。「トロツキーの弁護士」。*Avocat de Trotsky*, Robert Laffont, 1975）。ごたごたはなんとか決着をつけられた。一九三二年春、レーモン・モリニエはパリジャニンをプリンキポ島に派遣し、そこに三週間滞在させた。トロツキーは、自分が望むのは余分な付け足しのない、正確かつ鮮明な翻訳であることを説明した上で、彼に「ロシア革命史」の翻訳を任せた。パリジャニンはその翻訳の一部をトルコ滞在中に、トロツキーの監督の下に行った筈である。私がプリンキポに着いたとき、第二巻の校正刷が出始めていた。トロツキーは、パリジャニンの翻訳が依然として冗長であることを発見した。私のプリンキポ到着後の最初の仕事の一つは、フランクと二人で、パリジャニンがトロツキーの文章に付け加えた余分な飾りを削り落すことだった。

プリンキポに来てから、私はトロツキーが書いた論文を翻訳し始めた。初めは、出来あがったフランス語の翻訳文を書斎で私が読み上げ、トロツキーはそれを聴きながらロシア語の原文を目で追った。何週間か経って、この方式は不必要になった。

トロツキーと囲んだ食卓の思い出

すでに書いた通り、朝食は釣から戻って八時半頃にとったが、これはそそくさとした簡素な食事であって、私たちはお茶を飲み、山羊のチーズを食べた。ナターリヤがお茶を淹《い》れて、みんなに注いでくれた。お茶が熱すぎると、トロツキーはロシア式に茶碗の中身を受け皿に注ぎ、ふうふう吹きながら飲んだ。フランスから来たばかりの私には、最初、これはひどく不作法に見えた。

昼食は午後一時、あるいは一時少し前だった。食事時間は三十分を超えることはなかった。飲みものは普段は水だけで、十月蜂起の記念日であり、同時にトロツキーの誕生日でもある十一月七日には、ダーダネルス葡萄酒が食卓に出た。魚料理は頻繁だった。肉料理はいつも挽肉の肉だんご、あるいはトマトやピーマンの挽肉詰めで、普通の肉は滅多に出なかった。トロツキーは大食漢ではないばかりか、目の前の食べものにほとんど関心がないように見えた。七年間というもの、日に三度ずつ私は彼の右隣に坐って食事をしたが、トロツキーが料理について何か言うのはついぞ聞いたことがない。例えば、フランスのりんごとアメリカのりんごの違いについて語ることはあった。しかしその場合も個人的な好みが問題なのではなく、彼はあくまでも社会学的考察を述べたのである。プリンキポ島という隔離状態のなかで、何カ月も変化せぬ顔触れを前にして、トロツキーは必ずしも積極的に会話を楽しもうとはしなかった。今でも憶えているが、特に心労の甚だしかった時期に、彼は食事中一言も口をきかなかったことがある。通常の場合、食事中の話といえば仕事のことであり、手紙で知らされた、あるいは新聞で読んだニュースであり、また食卓で私たちに披露された政治的考察が何日か後に論文のなかで活かされることもあった。ときどきは思い出話も出た。オデッサの従兄弟の家で鶏肉に芥子を塗ってみんなに笑われた、というような青春時代の思い出。また、レーニンの部屋のすぐそばの部屋で生活したクレムリンの思い出。それぞれの時期の思い出があったが、国内戦時代だけは例外だった。彼がロシアの国内戦のあれこれのエピソードをアメリカの南北戦争のエピソードと比較したり、あるいはのちにメキシコで、メキシコ革命に参加した人たちと逢ったときなど、メキシコ革命のエピソードと比較したりするのを、私は何度も聞いたことがある。しかしそれはやはり政治的考察であって、国内戦時代の個人的な思い出話を聞いたことは一度もなかった。

トロツキーの人物評はたいていの場合、皮肉たっぷりだった。敵や、対立する相手に向けられた評言が皮肉なのはもちろんだが、彼の皮肉は親しみをこめた冷やかしに姿を変えて、しばしば周囲の人間にも向けられるのだった。例えばダラディエがフランスの首相になったとき、彼は私にこう言った。「きみのダラディエは……」。私がダラディエと全く無関係だったことは言うまでもない。あるアメリカ人には「あなたのローズヴェルトは……」などと言った。こういうからかいの口調は彼の会話にしばしば現れた。アンドレ・ブルトンもメキシコ旅行のあとで、トロツキーの「からかい好き」の側面について記している。

昼食のあとはトロツキーの午睡の時間で、この時間はいかなる理由があろうとも、たとえ電報が来た場合でも、午睡を妨げることは許されなかった。この時間に彼は政治とは無関係の本を、たいていの場合はロシアやフランスの小説を読んだ。彼が「並びなき芸術家」と呼んだジュール・ロマンの「善意の人びと」を読み始めたのもこの時間である。読書のあとは二十分ほどうつらうつらし、午後四時に午睡の時間は終る。家中に再び活気がよみがえる。

私がプリンキポに来た当座は、午後のお茶の時刻にも全員が食堂に集まり、昼食のときと同じような会話が繰返された。その後、この習慣は廃れ、トロツキーは自分の部屋でナターリヤと二人でお茶を飲むようになった。夕食は七時で、これは軽い、簡素な食事だった。夕食後、トロツキーは更に書斎で仕事をし、九時あるいは九時半頃、寝室に引き上げる。寝つきはよくないほうで、ときどき睡眠薬を用いることがあり、そのことを翌朝ナターリヤは私たちに訴えるのだった。「L・Dはゆうべもネンビュタールをのんだのよ」。フランケルの話によれば、一九三一年にフランスのトロツキスト・グループの分派間の抗争が激しかった頃、新たな突発事件を知らせる電報が夕方配達されたとすると、フランケルはナターリヤと示し合せて、夜の安眠を確保するために、翌朝までトロツキーの手に電報が渡らぬよう注意したものだという。

トロツキーは煙草を吸わず、自分の前で人が煙草を吸うことも許さなかった。

彼はまわりの人間に綽名をつけるのが好きだった。私がお茶が苦手で、少し経ってから朝食に牛乳を出してもらうようになると、途端に私は「モロカン」と呼ばれた。これは「牛乳を飲む人」という意味で、肉を食べずに牛乳を飲むロシアの一宗派の名前である。一九三三年春には井戸のポンプを修理して、「テクノクラート」という名前を頂戴した。現実にテクノクラシーがようやく現れ始めていた頃のことである。ビザ発行の件でイスタンブールのフランス領事館と掛け合ったとき、私は「外務大臣」になった。ずっとのちにメキシコでは、すでに彼の習癖を知りつくしていた私はトロツキーの要求の先を越すことがうまかったので、「ウジェー」（先まわり）と呼ばれた。これはレーニンがスヴェルドロフにつけた綽名だったという。

トロツキーを訪ねた人々

トロツキーのイスタンブール到着後、最初にトルコを訪れたフランス人弁護士、モーリス・パスは、一九二九年三月十二日あるいは十三日に来て、数週間トロツキーの許に滞在した。この人はパリでは反対派の指導者の一人で、雑誌「流れに抗して《コントル・ル・クーラン》」を発行していた。政治問題に関するトロツキーとの話し合いはたちまちとげとげしくなった。しかも、パスは自分が弁護士であることを忘れてはいなかった。噂によれば、彼はトロツキーに自分の旅費を請求したという。これはトロツキーが求めていたようなタイプの人間ではなかった。パスは或るインキの銘柄をトロツキーに奨めた。ペンや筆記用具一般に関心が深かったトロツキーは奨められたインキの良さを認め、それを用いるようになった。「彼のしたことで良かったのはそれだけだ」と、のちにパスの話が出たとき、トロツキーは言った。

同じ年の三月末、パリから一人の見知らぬ若者がやって来て、たちまちトロツキーの心をつかんだ。四月二十日付のモーリス・パス宛の手紙に、トロツキーはこう書いた。《私個人としては、レーモン・モリニエは考えられる限り最高に世話好きで、実務に長け、精力に溢れた人物の一人だと思います。彼は私たちの住居を見つけ、女家主と掛け合って家賃を値切り、等々のことをしてくれました。更に細君と二人で数カ月ここに滞在してもいいと言っています》。レーモン・モリニエは確かにトロツキーの心をつかんだようである。数カ月後、ある訪問客にもトロツキーは言明している。「レーモン・モリニエは未来の革命的共産主義者の先触れです」。レーモンは五月にパリへ帰った。その妻ジャンヌ（娘時代の姓はマルタン・デ・パリエール）は数カ月間プリンキポにとどまり、フランス語関係の秘書の役割を果すと同時に、すでに述べた通り、俄か料理人の役目も務めた。

アルフレッドとマルグリットのロスメル夫妻は、同じ年の五月半ばの少し前に来た。この夫妻は古くからの友人だった。ロスメルとトロツキーは第一次世界大戦中にパリで知り合い、革命初期のロシアで再会した。マルグリットはプリンキポに四週間滞在し、アルフレッドは七月中旬まで滞在した。七月の初めには、ジェラール・ロザンタール、それにピエールとドニーズのナヴィル夫妻が来て、討論の末に、フランスにおけるトロツキスト・グループの大同団結と「真実《ラ・ヴェリテ》」紙の発行とが決められた。五月末には、リトアニア系オーストリア人でロシア語に堪能なヤコブ・フランク（又の名はグレーフ）が来て、十月末まで秘書の仕事を手伝ったが、この人物のことはあとで語ろう。マルグリット・ロスメルに選ばれたロベール・ランクというフランス人は、十月の初めに来て数カ月滞在した。ジェラール・ロザンタールは一九三〇年一月末に再びやって来て、約二カ月間滞在した。

こんなふうに出たり入ったりが続いた。マルグリット・ロスメルの推薦によって、ヤン・フランケルがプラハから来たのは一九三〇年四月十五日のことである。フランケルはそれ以前の人びとより遥かに長く滞在することになり、そのおかげでリョーヴァは一九三一年二月十八日にベルリンへ発つことができたのだった。

定期的にトルコ入国を繰返していたレーモン・モリニエは、あるとき妻のジャンヌを連れて来て、数週間後、ジャンヌをプリンキポに残し、一人でパリへ帰った。トルコ独特の暖かい或る夜のこと、ジャンヌとリョーヴァは愛し合う仲になった。ジャンヌはこれを単なる一夜のアバンチュールと思い、パリのレーモンの許へ帰る気でいた。リョーヴァはこの情事をもっと真剣に考え、ジャンヌが一緒に暮してくれなければ自殺するとまで口走った。結局、二人はプリンキポにとどまり、やがて、ジャンヌは彼に深い愛着を感じるようになった。一九三八年にリョーヴァが死んだときのジャンヌの手紙は、胸の張り裂けるような絶望の手紙である。トロツキーはリョーヴァとジャンヌの結びつきにたいそう腹を立てていたが、トロツキーと息子との関係についてはあとで語ろう。

イゼット・パシャ荘の火事

リョーヴァがベルリンへ発って数日後、つまり一九三一年二月二十八日から三月一日にかけての夜、午前二時に、イゼット・パシャ荘の住人たちは火事に叩き起された。トロツキーと、ナターリヤと、ジーナは、庭に逃げ出した。フランケルは燃える家の中に残って書類綴りを窓の外へ投げ始め、消防夫たちに強制されてようやく外に出た。しかしこの火事は英語で言うところのflash fire、つまり、ぱっと燃えあがって自然に消える火事だった。私がプリンキポで見た何冊かの本は、縁の部分が煤けていたが焦げたというほどではなく、ほとんど損傷なしの状態だったと思う。この火事の原因は、屋根裏部屋の湯沸し器の火を夜間に消し忘れたことだった。焼けたのは屋根裏部屋と二階だけで、ジーナやフランケルが寝泊りしていた一階に被害はなかった。家全体はしっかりと立っていたし、一階と二階の間の天井も焼け落ちはしなかった。二階でも、火の通過が早すぎたために、戸を閉めてあった二つの衣裳箪笥は被害をまぬがれ、箪笥の中身は無事だった。焼失したのは蔵書、十月革命当時の写真のアルバム、世界情勢に関する本を書くための資料として整理してあった新聞の切抜き、衣類、ロシア文字のタイプライター二台、などである。当時トロツキーが書き進めていた「ロシア革命史」第二巻の原稿、シベリアに追放された人たちとの通信記録など、重要な書類はすべて難をまぬがれた。トロツキー自身は逃げるときにシベリア追放者の住所録を持ち出した。一九五八年に私と話し合ったとき、ナターリヤが言明したところによれば、焼失したのはほとんど印刷物のみで、ただ恐らくはトロツキーの机やマリヤ・イリイニシナの机の上にあった何通かの手紙と、当時トロツキーが書いていたフランスのウストリック事件（訳註。一九二六年、ある会社株の取引所上場を認可した大蔵大臣ラウール・ペレとその後任者が、仲介者ウストリック銀行からの収賄容疑で告発された事件。ペレは一九三三年に無罪とされた）に関する原稿の数ページとが失われただけだろうという。数年後ある手紙のなかでトロツキーは、マルクスとエンゲルスに関する原稿を火事で焼失したと書いている。しかし私の考えでは、これはどうもトロツキーの記憶違いではないかと思う。そのような本を書く計画を彼が暫くの間あたためていたのは、もっと後、一九三三年初めのことである。一九三一年初めの数カ月間の書簡で、トロツキーがそのような仕事に言及したものは一つもないし、ナターリヤも一九五八年の私との話し合いで、そのたぐいの原稿が火事で失われたことを否定している。

焼け出された人びとはサヴォイ・ホテルへ行き、中庭にあった三部屋から成る小さな別棟にひとまず落着いた。フランケルはのちにこう述べている。《私たちはみんな打ちのめされたような気分になり、火事によって生じた取返しのつかぬ損失を悲しんだが、同志トロツキーだけは例外だった。仮の住居に入るや否や、彼はテーブルの上に原稿を拡げ、〔その夜はたまたまサヴォイ・ホテルに泊っていた〕タイピストを呼んで、前の晩に何事もなかったかのように、自分の書きかけの本を何章にもわたって口述し始めた》。一九四〇年五月二十五日の早朝、コヨアカンでの最初の襲撃のあとでも、似たような状況のなかでトロツキーは全く同じように振舞った。深夜、シケイロスの率いる殺し屋たちに銃弾を浴びせられ、そのあと、メキシコ警察の到着を待っていたとき、トロツキーは机に向い、執筆を始めた。口述すること、あるいは自らペンを動かすことは、彼にしてみれば精神の平衡を保つための手段だったのである。

火事の数日後にレーモンとアンリのモリニエ兄弟がパリからやって来て、新しい住居探しが始まった。アジア側の対岸のカディケイ町のモーダ地区に別荘が見つかったことは、すでに述べた通りである。そこへ引越したのは三月末のことだった。

トロツキーの側近たち

一九二九年五月以降、アルフレッドとマルグリットのロスメル夫妻は、トロツキーと外部世界の間の伝達機関のような役割を担っていた。殊にマルグリットは出版社との交渉を任され、自伝や「ロシア革命史」の出版契約によって生じた金、莫大というほどでもないが、やはり相当の額の金を保管していた。やがてトロツキーとロスメル夫妻の間に不和が生れ、これらの仕事はレーモン・モリニエの肩に移った。

私がプリンキポに来た頃、実務上の決定権を委ねられているという意味で最もトロツキーに近かったのは、当時ベルリンにいた息子のリョーヴァと、プリンキポにいたヤン・フランケルと、パリのレーモン・モリニエである。ある種の限られた問題については、アンリ・モリニエも重要な役割を演じていた。

これらのトロツキーの側近たちの政治的傾向は明らかに反ナヴィル派だった。モリニエ兄弟は言うに及ばず、リョーヴァとフランケルのナヴィル評価は、トロツキーのそれよりよほど単純だった。トロツキーはナヴィルとは意見が一致せず、しばしば彼に腹を立ててはいたものの、ナヴィルの知的素質にたいする敬意は失わなかった。だが、私と同じ部屋で寝起きしていたフランケルは、洋服箪笥の上に「シュルレアリスム革命」の旧号を二冊置いておき、ナヴィルのシュルレアリストとしての「恐ろしい過去」を発《あば》くと称して、新来の同志にそれを見せるのだった。

訪問客や新来の同志にたいして、トロツキーは存分に愛想のよさを見せた。喋りまくり、身ぶりを交えて説明し、次から次へと質問を発し、そんなときの彼は本当に魅力的だった。その場に若い女性がいれば、談話は一段と活気づいた。けれども一緒に仕事をする時間が重なれば重なるほど、彼は気むずかしくなり、時にはぶっきらぼうになった。これは私たちの置かれていた情況と無関係のことではなかろう。来る日も来る日も、絶えず警備に気をつかいながら限られた空間で暮しているうちに、数カ月が、そして数年がたちまち過ぎ去ってしまう。来客にしろ、外出にしろ、予定外のことは一切許されなかった。「きみたちは私を物のように扱っている」と、ある日、トロツキーは私に言った。

一九二九年から一九四〇年に至る三度目の亡命生活において、トロツキーが最も無遠慮に振舞った相手を三人あげるとすれば、それはリョーヴァと、ヤン・フランケル、それに私である。フランケルの話によれば、リョーヴァと父親との関係は一時非常にむずかしくなり、リョーヴァはロシアへ帰国するためにイスタンブールのソビエト領事館へ交渉に行くとまで言い出したという。実際にリョーヴァが何をしたかは、フランケルは話してくれなかったが、一九三七年七月七日付の母親宛のリョーヴァの手紙には次のような謎めいた一節がある。《……もしぼくが一九二九年にソビエトへ帰ることを許されていたならば……》。これはリョーヴァが実際にソビエト領事館へ帰国を申請しに行き、その申請が却《しりぞ》けられたことを意味するようにみえる。一九三七年二月十五日付の、当時パリにいたリョーヴァに宛てた手紙で、モスクワ裁判の資料の発送（パリからの）が遅れていることについて、トロツキーは癇癪を起している。《最悪の攻撃はモクスワから来るのか、それともパリから来るのか、私にはもう分らなくなった》。

私の場合はといえば、トロツキーとの関係が絶えず変動することを自分なりに感じていた。快活で熱烈な信頼の時があるかと思えば、しばしば理由も分らぬまま、それは陰気な緊張の時に変化してしまう。面白いことに、後年メキシコでは、トロツキーとアメリカ人の秘書たちとの関係は或る意味でもっと単純であり、いくらか控え目であったにせよ、変動は遥かに少なかった。もちろんその頃のトロツキーはプリンキポ時代よりも年を取っていたが、恐らくは彼の癇の強さもアメリカ人の穏やかさに出会って和らいだということなのだろう。

トロツキーの厳格な一面

先に述べたように、私たちは釣舟用の船外機を持っていた。釣から帰るたびに私たちはそれを舟から外して、冷却器に残っている腐蝕性の強い海水を洗い流すために、真水を張った樽の中で何分間かエンジンを吹かすのが常だった。一九三三年六月の或る日、明け方の釣から戻って来た私たちは、必要な粘性をもつガソリンが切れていることに気づいた。残っていたのは少し粘性の異なる冬季用のガソリンだけだったので、良質のガソリンが手に入るまではエンジンを動かさないことにした。しかし午後になって、私はやはり樽の中での洗浄を実行しようと決心した。たとえ何分間か粘性の異なるガソリンを使わなければならないとしても、海水を洗い流しておくことは絶対必要である。そこで私は庭の一番低い所、船着場のそばに樽を据え、その中でエンジンを吹かし始めた。爆音を耳にするや否や、トロツキーがバルコニーに出て来て、あらん限りの声で叫んだ。「やめなさい、今すぐ！」こんなときにはいくら事情を説明しようとしても無駄なことだった。

物一般にたいして、トロツキーは限られた一定の態度を保っていた。彼の物の扱い方には概して——どう言ったらいいのだろう——ある種の厳格さがあり、そこにはある種の自然な要素、臨機応変の要素が欠落していた。彼の周囲には万年筆や、船外機や、釣道具や、猟銃など、いくつかの馴れ親しんだ物があり、それらの物を扱うにはいくつかの掟、ほとんど変更不可能な掟があった。新しい物に馴れるということはつねに比較的複雑な精神操作なのだった。トロツキーにとってペン先は大問題であり、新しいペン先を選ぶときは数知れぬ試し書きをしなければならなかった。釣道具は特に取扱いに注意が必要とされ、だれかがアメリカから持って来たか、あるいは送ってくれたかした釣糸や釣針を、彼は大いに尊重していた。また船外機を操る段になると、取扱書通りを宗《むね》として、ほんの少しでもそれから逸脱することを許さなかった。プリンキポでフランケルから聞いた話によれば、トロツキーはまだロシアにいた頃、自動車を手に入れて、自分で運転したいと言い出した。ソビエトの外交官でトロツキーの友人だったヨッフェが、特別に強力なエンジンを装備したメルセデス・ベンツを外国から彼の許に届けさせた。トロツキーは運転席にすわり、車は四百メートル走って溝に突っこんだ。以後、彼はもう二度と運転を習おうとはしなかったという。一九三三年夏、サン=パレの別荘では、警備上の理由からトロツキスト以外の人間を住まわせなかった。従って家事労働はジャンヌ・マルタンとヴェラ・ラニスの肩にかかり、当時トロツキーの周囲にいた全員がこの二人の女性に手を貸していた。特に厄介なのは毎晩の皿洗いの仕事だった。ある晩、トロツキーは私たちを手伝おうと言い出した。そして皿やグラスを一つずつ拭き始めたのはいいが、その拭き方があまりにも丹念なので、仕事は夜中近くまで長びき、全員は手伝ってもらわないとき以上に疲れてしまった。

トロツキーの身のまわりには装飾品や記念品のたぐいは見あたらなかった。一時期、彼のベッドの脇にラコフスキーの写真が置かれていたことはある。この人物はロシア時代に一番親しかった友人である。その写真は一九三二年に秘密の径路をたどってロシアから持ち出されたものだった。ラコフスキーがスターリンに屈伏したあと、一九三四年四月に私がバルビゾンの別荘の庭で、不要になった古い原稿の下書きを燃やしていると、トロツキーがやって来て、ラコフスキーの写真を差し出して言った。「これも燃やして下さい」。

彼の仕事机の上はいつも原稿の山だった。彼は原稿を自分流に配置し、何がどこにあるかをいつもよく知っていた。この机の掃除はナターリヤが軽く埃を払うだけで、他の人間が机に触れることは許されなかった。プリンキポの書斎には、私たちが「金庫」と呼んでいた鉄製の小箱があり、トロツキーは内密の手紙をその箱にしまっておいた。その後、書斎には何一つ保管しないようになり、すべては秘書が分類した書類綴りに収められた。書類綴りに収められなかった唯一のものはセルゲイの手紙で、これはナターリヤが自分の部屋に保管した。

新たな計画

私がプリンキポに来た頃、B・J・フィールド（本名はグールド）というアメリカ人とその妻エスターがイスタンブールに滞在していた。この夫婦はどちらもアメリカのトロツキスト・グループに属していたが、度重なる分派抗争のなかで除名されたのだった。フィールドは専門が経済学で、ウォール街の或る会社の禄を食《は》んでいた。折しも大恐慌の最中であり、経済の状況を仔細に研究していたトロツキーは、このフィールドの具体的知識を高く評価した。そこで私の到着直後の数週間にわたって一連の対話が行われた。私たちは連日午後四時半にトロツキーの書斎に集まった。会話は、私の記憶に誤りがなければ、ドイツ語で行われたと思う。トロツキーはフィールドと共同で世界経済の動向に関する本を著す計画さえ立てたが、この計画は実現しなかった。これらの対話の間中、エスター・フィールドは部屋の片隅でトロツキーの肖像画を油で描いていた。この肖像画がどうなったのか、私は知らない。

レーモン・モリニエが私にプリンキポ行きの話を初めて持ちかけたのは、一九三二年六月のことである。私の出発が延期されたのは、トロツキーのチェコ旅行の可能性が生れたためだった。チェコで医者の診察を受け、暫く温泉場で静養するための旅行である。七月と八月の間、この旅行の件はあやふやなままで過ぎた。準備がすべて整ったように見えていながら、チェコ当局の優柔不断のために計画が延期になるということが何度か繰返された。九月に入ってこの旅行の中止が明らかになり、そこで私のプリンキポ行きが決った。私がプリンキポに到着したときには、デンマークの学生グループに招かれてコペンハーゲンへ講演に行くという、トロツキーの新たな旅行計画が生れかけていた。私が着いたときはまだ何一つ決っていなかったのだが、十一月の初めには何もかもがばたばたと取り決められた。その決り方があまりにも慌しかったために、片付けきれなかった用事がたくさん残り、だれかが留守番をしなければならないことになった。その役目は新参者の私に当った。セーヴァと私を除いて、トロツキーとその他の住人たちが出発したのは、一九三二年十一月十四日である。セーヴァはウィーンへ行き、そこで母親と再会することになっていた。だがイスタンブールのオーストリア領事館は、本国からの特命待ちということで、この六歳の男の子になかなかビザを交付しようとしなかった。特命の到着はだいぶ遅れた。ようやく手続きが終り、私がセーヴァを連れてマルセーユ行きの船に乗りこんだのは、十一月二十三日のことである。マルセーユで私たちはパリ行きの汽車に乗り、トロツキーのコペンハーゲン滞在中、私はパリにとどまった。

トロツキーの滞在を拒んだ西ヨーロッパ

トロツキーがデンマークの学生たちの招きに応じたのは、それが自分の思想を自分の肉声で擁護し、同時に比較的多数の同志たちと顔を合せるための絶好の機会だったからであり、そしてまた西ヨーロッパのどこかの国へ居を移す可能性について考えていたからでもあった。だが、永久滞在、あるいはせめて長期滞在のビザなりと手に入れるための、デンマーク当局にたいする密かな交渉は失敗に終わった。他のどの国も新たな居住地を提供してはくれないので、プリンキポへ戻るしかない。フランス政府はトロツキーがパリに短期間滞在することさえ許可しなかった。十二月六日、ダンケルクから午前十時にパリの北駅に着いたトロツキーは、リヨン駅発十一時十分のマルセーユ行きの列車に乗らなければならなかった。

出航日の関係で、次のイスタンブール行きの船が出るまでに十日間ほどの空き時間が生じた。トロツキーがマルセーユ郊外で別荘を借りてこの空き時間を過すことを、フランス当局はすでに許可していた。そこでアンリ・モリニエがマルセーユへ行って適当な別荘を探し、受け入れ態勢を整えた。私自身は十二月四日にパリを発ってマルセーユへ行った。五日にはアンリを手伝って別荘を整頓し、準備万端整えた。六日にはトロツキーがパリから乗ってくる列車を出迎えるために、マルセーユからアヴィニョン行きの汽車に乗った。こうして私はアヴィニョンでトロツキーと再会したのである。リョーヴァと初めて逢ったのもそのときだった。そしてアヴィニョンからマルセーユへの旅では、トロツキーとリョーヴァの車室に私も入った。過去一、二週間のうちに見聞したパリのトロツキスト・グループの実態について、私は話し始めた。トロツキーは私を制止し、フランスの警察はこの車室にマイクロホンを仕込んであるに違いないと言った。私は汽車が走っているときに隠しマイクを利用することは騒音のせいで、（当時の技術では）かなりむずかしいだろうと言ったが、トロツキーの疑念は晴れなかった。

列車はマルセーユ郊外の小駅ル＝パ＝デ＝ランシエで臨時停車をした。その駅にアンリ・モリニエが車で迎えに来て、私たちはまっすぐ例の別荘へ行く筈だった。アンリは確かに迎えに来ていたが、予定は一方的に変更されていた。つまりフランス当局は私たちがそこからすぐさま港へ直行し、カンピドーリオ号という小さなイタリア船に乗りこむことを決めてしまったのである。その船は翌日イスタンブールへ向けて出航するという（小駅に着いたときすでに日はとっぷりと暮れていた）。私たちはがっかりしたが、どうにも仕方がない。そこで波止場へむかって車を走らせ、カンピドーリオ号にたどりついた。それは本当にちっぽけな老朽船で、石膏の輸送に使われているのだという。タラップはただの一枚板で、それを舷側と岸壁のあいだに平らに掛け渡してあるのだった。トロツキーとナターリヤは、レーモン・モリニエを伴って船に乗りこんだ。私はいろいろな用事を片付けるために岸壁に残っていたが、まもなくトロツキーが再び姿を現して、タラップ代りの板の上をせかせか歩いて来たと思うと、岸壁側のタラップの端に立っていた公安官に歩み寄り、その鼻先で人差指を振りまわしながら言った。「これはとても旅行できるような状態の船ではない。フランス政府はわれわれを欺いたのだ」。私は激怒したトロツキーを見るのはこれが初めてだった。「イタリア国籍の船にわれわれを暴力的に乗せるのか。そんな権限がフランスの警察にあると思うか」とトロツキーは叫んだ。公安官は「思います」と答えたが、フランス国の代表としてあらゆる手段を駆使できる立場にあるにもかかわらず、トロツキーの下船を物理的に阻止するほどの度胸はないのだった。ナターリヤとレーモンも船から下りてきた。まもなく判明したのだが、この貨物船は文字通りのぼろ船で、普段は旅行者を乗せないのであり、トロツキーを一刻も早く国外へ追い出したいフランス当局の要請を受けて、大急ぎで船室《キャビン》らしきものを用意したのだった。イスタンブール到着まで半月以上もかかるだけではなく、途中でこの船は何度も寄港して貨物の積み下ろしをしなければならず、そのたびに昼夜の別なく恐るべき騒音を発するのだという。

こうして私たちは哀れなカンピドーリオ号のかたわらの岸壁で、投光器の光を浴びながら夜明かしの態勢に入る。もう真夜中である。私たちのなかの何人かは旅行鞄に腰を下ろしている。制服や私服の大勢の警官たちが私たちを取り巻いている。だが新聞記者の姿は見えない。フランスの警察は明らかにこの一件が世間に知れることを好ましく思わなかったのである。

談判が始まる。パリに何度も電話をかける。岸壁では、当時の首相エリオや、内務大臣ショータン、文部大臣ドモンジーらに発信する長文の電報を、トロツキーが私に口述する。フランス警察の欺瞞的なやり方に抗議する電文である。やがて誰かがふと考えつく。イタリアが通過ビザを出してくれれば、イスタンブール行きの本物のイタリア客船に乗ることが可能ではないか。カンピドーリオ号はどうせ翌日の午後までは抜錨できないので、フランスの警察は、トロツキーとその同行者たちがこの夜の残りをマルセーユのホテルで過すことに同意する。もしも翌朝イタリアが通過ビザを発行しない場合は、トロツキーを強制的にカンピドーリオ号に乗せるという条件つきである。

こうして午前三時半頃、私たちはマルセーユのレジナ・ホテルに入る。だが私の仕事はまだ終らない。トロツキーとナターリヤの部屋のドアの前の廊下で、椅子にすわって警備に当らなければならない。

翌十二月七日、朝一番にアンリ・モリニエはイタリア領事館へ行く。ローマへの電話連絡。通過ビザは交付された。昼すぎに私たちはヴェンティミリア行きの汽車に乗る。一行はトロツキー、ナターリヤ、ヤン・フランケル、オットー・シュスラー、それに私である。トロツキーとナターリヤは、ベルリンへ帰るリョーヴァと別れなければならなかった。国境では、イタリアの公安官が私たちを待っている。当時、フランスとイタリアの関係は必ずしも友好的ではなかったから、マルセーユでの一件のあと、イタリアの公安官はフランスをからかわずにはいられないと見えて、「トロツキーさん、この国ではあなたは自由です」などと改まって言う。それは明らかに誇張だった。私たちはひどく制限された条件の下に、しかも警察の絶え間ない監視を受けながらイタリアを通過したのである。ヴェンティミリアからジェノヴァへ行き、ジェノヴァからミラノに着いたのが八日の朝。そしてほとんど休む間もなくヴェネツィア行きの汽車に乗り、ヴェネツィアに着いたのが午後三時少し過ぎで、そこでイスタンブール行きの船に乗る予定だった。ところが到着してみると船は直前に出航したという。しかし汽車で追いかければ、次の寄港地ブリンディジで追いつけるだろう。汽車の発車時刻を待つ間、警察の指示によって私たちは市内観光をすることになり、公用のモーターボートで運河から運河へと駆けめぐる。そして午後九時頃、ブリンディジ行きの汽車に乗り、翌十二月九日、ブリンディジで直ちにイタリアの汽船アドリア号に乗船する。

この辛い旅の間中、トロツキーは不機嫌で口数が少なかった。さまざまな人たちとの出会いが多かった数週間の生活ののちに、西ヨーロッパと別れて、再びプリンキポでの隔離状態に戻らなければならない。ピレーフスに寄港したとき、彼は上陸しなかった。イスタンブール到着は午後十一時という遅い時刻だった。私たちは船上で一夜を明かし、翌朝上陸する。パリから汽車で来たピエール・フランクは私たちよりも早くイスタンブールに着き、私たちの到着を待つ間に、留守中の家に異常がなかったことをすでに確かめてあった。こうしてコペンハーゲンへの旅は終った。

ソビエト発行パスポートの職業欄は「作家」

プリンキポの家で再び以前のような生活が始まった。トロツキーは仕事に戻った。仕事をつづけるエネルギーは甦ったように見えた。西ヨーロッパでの滞在を拒まれたことで、彼はもちろん失望していたのだろうが、しかし初めからそんなことが可能だとは思っていなかったのかもしれない。彼の関心は二つの事柄に集中していた。一つは当時きわめて深刻だったロシアの経済状態であり、もう一つは、いくぶん前進の兆を見せていた国際トロツキズム運動の組織的強化ということだった。ロシアの経済に関することでは、私は経済成長率についてトロツキーと話し合ったことがある。ペラ通りにフランス書籍を売っている本屋があり、私はその本屋で対数表を手に入れて、幾通りかの経済成長率にもとづくグラフを作成した。トロツキーはそれらのグラフを自分の机の上に置いておいたが、利用してはくれなかった。私の受けた印象としては、必ずしも意味の明確ではない数学的な論拠というものを、彼は大して信用してはいなかったようである。

クリスマス・イブは大嵐になった。海は荒れ狂い、この別荘の小さな船着場に繋いであった二艘の舟さえ安全ではなかった。高波は岸壁を洗っていた。そこで真夜中に人力で二艘の舟を水から引き揚げ、庭へ運びこむことになった。トロツキーは元気よく私たちを手伝った。

一九二九年にトロツキーがイスタンブールのソビエト領事館を出たとき、ソビエト政府は「印税」という名目で彼に千五百ドルを与えた。他にソビエトのパスポートも、トロツキーは受領していた。そのパスポートの職業欄の記載は？ 《作家》である！各国の新聞に出たインタビュー記事はほどほどの収入になり、その収入はトロツキーがトルコに居を構える際の資金になった。いくつかの出版契約、なかんずく自伝と「ロシア革命史」の出版契約は、更に多額の収入をもたらした。その金の一部は「反対派会報」発行の基金として役立ち、例えば「真実《ラ・ヴェリテ》」のようなトロツキスト・グループの刊行物の創刊を助けた。小額の金はいくたびもシベリア流刑囚に送られた。

当時のすべての革命家たちは窮乏状態に陥っていたけれども、トロツキーの場合は出版契約のおかげで比較的余裕のある生活が営まれていた。しかし私がプリンキポに来た一九三二年十月には、余裕のある生活は終りに近づいていた。コペンハーゲン旅行では何人もの人間の旅費が嵩んだために、デンマークの主催者やアメリカの放送局から金が入ったにもかかわらず、全体としてはかなりの赤字が出た。この旅行後、数カ月の間に経済的困難はますます増大する。だが、このことについてはあとで触れよう。

娘ジーナの死

ヤン・フランケルは一九三三年一月五日にプリンキポを発って、パリへ行った。間もなくベルリンからパリへ移される予定の国際書記局の仕事に加わるためだった。同じ一月五日、ベルリンでジーナがガス自殺を遂げた。死体が発見されたのは午後二時だった。リョーヴァがナターリヤに宛てて打った電報が届いたのは六日の昼間、ちょうど私たちが昼食のあと、テーブルから立とうとしていたときである。私の記憶に誤りがないとすれば、そのとき警備に立っていたのはピエール・フランクで、彼が二階へ上ろうとしていたナターリヤに電報を渡した。トロツキーとナターリヤは私たちには何も言わず、直ちに自分たちの部屋に閉じこもった。何か重大なことが起ったということは分ったが、それが何なのか私たちには分らなかった。夕刊を読んで、私たちは初めてこの事件を知ったのだった。つづく数日の間、トロツキーはときどき部屋のドアを細目にあけて、お茶を注文した。数日後、再び仕事を始めるために部屋から出てきたとき、トロツキーはやつれ果てていた。鼻の両脇には二本の深い皺が刻まれ、唇の隅にまで達していた。彼の最初の仕事は、娘の死について責任を負うべき者はスターリンであるという、ロシア共産党中央委員会宛の公開状を口述することだった。

私はジーナに逢ったことはない。彼女のことを話してくれたのはヤン・フランケルと、そして誰よりもまずジャンヌ・マルタンである。トロツキーの四人の子供のなかで肉体的に、またある意味では精神的にも一番の父親似はこのジーナだった。彼女が父親に宛てて書いた手紙はいずれも情熱に溢れている。ジーナが一九二六年生れの息子フセヴォロトを連れてロシア国外へ出たのは一九三〇年暮のことだった。息子の父親、プラトン・ヴォルコフはすでにシベリアへ追放されていた。トロツキー一家のなかで最後にロシアを出たのが彼女である。母子がプリンキポに着いたのは一九三一年一月八日だった。トルコ滞在中の彼女について、私は大して詳しくは知らない。セーヴァを残して彼女がベルリンへ発ったのは一九三一年十月二十二日だった。ベルリンでの彼女はリョーヴァやジャンヌ・マルタンと逢い、精神分析医の治療を受ける予定だった。トロツキーは娘がセーヴァをプリンキポに残して行ったことに腹を立てていた。一九三二年六月三十日付のリョーヴァ宛の手紙にトロツキーは書いている。《お母さん〔ナターリヤ〕はセーヴァの世話でがんじがらめに縛られている……セーヴァの問題は早急に解決しなければならない》。この終りの文句はセーヴァをドイツの母親の許へ発たせるべきだという意味である。私が一九三二年十月に着いたとき、セーヴァはまだプリンキポにいた。おとなしい物静かな少年で、毎朝学校へ出掛けて行き、家のなかでは目立たない存在だった。ナターリヤは「がんじがらめに」縛られている状態には程遠かった。

ベルリンで、ジーナはロシア語を流暢に話すユダヤ人の医者を見つけ、治療を受け始めた。ジャンヌは彼女と頻繁に逢った。すでに述べたように、セーヴァは一九三二年十一月にプリンキポからパリへ行った。十二月十四日に少年はパリからベルリンへむかって出発し、従って一九三二年十二月中旬には母親と再会している。以下は一九五九年三月二十七日付の手紙で、ジャンヌ・マルタンが私に書いてきた文章である。

《ジーナは要するにプラトンのことを忘れかけていました。ずいぶん永いこと夫とは別れ別れだったのですから、その点で彼女を責めることはできないでしょう。彼女の結核は恢復に向っていました。ロシアには帰りたがるどころか、帰る気は全くありませんでした。帰ることを考えてみてはどうかと言ったのはL・Dですが、それはいろいろな点から見て彼女の振舞いがいくらかおかしくなり始めていたからです。ジーナは将来ロシアへ帰ることを強制されるような羽目に陥ることを非常にこわがっていました。精神錯乱の発作が起ったことは事実で、そのために病院で治療も受けましたが、でも彼女は決して完全に理性を失いはしなかったし、発作も永くは続かなかったのです。私たちがセーヴァの件について相談したときも、子供は彼女に任せなさい、それが彼女のためにもなるだろうというのが医者の考えでした。セーヴァを彼女の許に置いてもなんら危険はないというのです。実際、自殺を決行するときに彼女が息子を遠ざけたことを見れば、そのことはお分りでしょう。彼女は最期まで息子のためを思っていたのでした。もちろん、いろいろなコンプレックスの強い人でしたが、ベルリンへ来るまでの彼女の生活を考えてみれば、妙な言い方ですけれども、それはごく自然なことのような気がします。でも彼女は退院後、セーヴァと一緒にアパートでの自由な生活に戻っていたのですから、一度は治ったとされた心の病が近々再発するかもしれないという恐怖だけが彼女を自殺へ追いやったとは、私は思いません。ジーナは絶望していました。でも彼女の絶望については、あなたに語ることはできても、書くことはできないのです。彼女の絶望は部屋に残された手記のなかに詳しく語られていました。その手記を彼女は破棄しようとはしなかったし、破棄することなど考えもしなかったに違いない。今となってみれば、どうしてあのとき私たちが破棄しなかったのだろうと思うのですが、そんなことを言い出す権限は私にはありませんでした。それにレオン〔リョーヴァ〕は保存しておいたほうがいいと判断しましたし……いずれにせよ、レオンが死んだとき私の部屋〔パリのラクルテル通り〕は二度も捜索を受けて、ジーナの手記は警察に押収されました。あの繊細で痛ましい作品に警察の汚い手が触れたと思うと、ぞっとします。戦後、わが家から押収された他の文書と一括して、正式に返却を要請したのですが、取り戻すことはおろか、行方を突きとめることさえできませんでした。結局、ぜんぶ紛失してしまったという返事が来ただけです》。

一九五九年九月に私と面談した際、ジャンヌは更に三つの事実を話してくれた。第一は、ベルリンでジーナがリョーヴァを信頼していなかったということ。自殺の直前にさえ、彼女はジャンヌ宛の短い遺書を書いただけだった。それは全く明晰な書き置きで、《セーヴァをよろしくお願いします、あれはいい子です》とジーナは書いている。第二の事実は、ジーナは死んだとき妊娠していたということ。ジャンヌはこの点について何の説明もしなかったので、私もこれ以上何も言えない。第三の事実は、ジーナが精神分析医の治療を受けていた間に、トロツキーが娘から受け取った手紙を精神分析医に送ったということ。トロツキーはもちろん医者を助けるつもりだったのだろうが、ジーナはこのことを知って深く傷ついた。死の少し前に父親に宛てたジーナの何通かの手紙には、自分を見捨てられた者のように感じていた彼女の気持があらわれている。一九三二年十二月十四日付の手紙に彼女はこう書いた。《お父さん、二、三行でもいいのです、お手紙下さい》。

ヒトラーの台頭とドイツ共産党の瓦解

娘の死というトロツキーの個人的悲劇は、間もなくヨーロッパに襲いかかった政治的悲劇に呑みこまれた。一九三三年一月三十日、ヒンデンブルク大統領はヒトラーを首相に任命したのである。こうしてドイツに中間的な情況が生じた。労働者の二大政党と労働組合はまだ無疵である一方、ナチ党は政権を手中に収めていた。三月二日、書斎での恒例の午後の話し合いで、トロツキーは私たちに言った。「あらゆる可能性を徹底的に活かさなければならない。これはすべすべした壁としか見えない山の急斜面を登るようなものだ。斜面の前に立って見上げると、とても登ることはできないような気がする。しかし一つ一つの断層や、自然に出来た段や、岩の割れ目などを利用しながら、手でつかまり、足を掛けしていくうちに、どれほど困難な情況であっても、てっぺんの岩に到達することができる。必要なのは勇気と、用心深さと、洞察力なのだ」。しかし労働者の諸組織は腕をこまぬいていた。ヒトラーは大胆になった。三月の初めには、国会議事堂の火事という笑劇《ファルス》のおかげで、ヒトラーは労働組合と労働者の政党を一掃し、全体主義体制を打ち建てることができた。

トロツキーの反応は素早かった。三月十四日に彼は「ドイツ・プロレタリアートの悲劇」と題する論文を書き上げた。この論文の副題は「ドイツの労働者は再び立ちあがるだろう、スターリニズムを許すな!」だった。ここでもう一度思い出さなければならないのは、この頃までトロツキーが公認の党組織の改革を主張しつづけてきたという事実である。反対派は明らかに閉め出されていたとはいえ、あくまでも第三インターナショナルの枠内での反対派活動ということが、トロツキズム運動の有り様だった。トロツキストの組織の周辺のあちこちには、新しいインターナショナルについて語る小グループや個人がいなかったわけではないが、トロツキーは終始一貫そのような考えをきっぱりと拒んできた。従って改革という方針を放棄することは明らかに過去との断絶を意味する。それ以前のトロツキスト・グループの日常活動はすべて、公認の党組織のメンバーに自分たちの考えを伝えることに向けられていたのだから。それにしても方針の変更はいくつかの段階を経て行われた。

すでに三月二日の話し合いの際、トロツキーは私たちに言った。「もしヒトラーがこのままドイツの政権を握りつづけ、〔共産〕党が瓦解するなら、新しい党を作らなければならないことは確かだ。しかしその新党の最も重要な構成分子は旧党から持って来ることになるだろう」。これはまだ仮定的展望であるにすぎない。三月五日の破局（訳註。三月五日の総選挙でナチ党が辛勝した）ののち、三月十四日の論文はドイツ共産党の改革という方針を時代後れのものとして斥けてはいたが、コミンテルン内の他の党、特にロシア共産党にたいしては同じ方針を維持していた。しかし全体としてのコミンテルンの問題は提起されずにすむ筈はなかった。四月、コミンテルン執行委員会は、ドイツ共産党の政策は「ヒトラーのクーデターの時点を含めて終始全く正しかった」と主張する決議を、全会一致で採択した。執行委員会はスターリンの命令によってスターリンを擁護したわけである。一般党員の間では、あちこちにエピソード的な反応が見られた。しかし組織としてのコミンテルンは依然としてスターリンの手に握られていた。党改革という方針は存在理由を失いつつあった。

この改革という方針を放棄する過程において、ロシア共産党は特殊な問題として現れている。コミンテルンの四月の決議の少しあとで、トロツキーはプリンキポでの話し合いの席上、こう言った。「四月以降、われわれはすべての国の共産党の改革に賛成であり、ただドイツでだけは新党の創設が必要であるという立場に立ってきた。今われわれは対称的な立場に立つことができる。つまり、すべての国において新党が必要であり、ただソビエトでだけはボリシェヴィキ党の改革に賛成である、という立場だ」。この立場は文章化されたことは一度もなかった。リョーヴァへの手紙には書かれたような気もするが、それすら確かではない。いずれにせよ、この立場はすみやかに放棄された。

一九三三年七月十五日、トロツキーはG・グーロフという筆名で「新たに共産党と共産主義インターナショナルを建設する必要がある」と題した論文を、各国のトロツキスト・グループに宛てて書いた。この論文では、スターリンに支配された党組織の全体について改革の方針は放棄された。この方針は今や「ユートピア的かつ反動的」なものと化したのだ、と論文は主張している。

政治的転機

政治的転機は引越しの時期と偶然一致した。七月十七日、トロツキーはフランスへ居を移すべくトルコを去る。七月二十四日に彼がフランスに上陸したとき、七月十五日の論文の翻訳は各地のトロツキスト・グループの指導者の手にようやく渡ったか渡らないかというところだった。フランス滞在の最初の数週間のうちに、トロツキーの新方針は多くの論争を呼びおこした。しかしこの点についてはのちに触れよう。

ロシアとの通信の情況が変化した、というより通信が途絶したのは、同じ一九三三年春のことである。一九二七年暮から二八年初頭にかけて左翼反対派の幹部たちがシベリアへ追放された際、一九二八年前半の六カ月間は、彼ら同士の間でかなり自由に通信することが可能だった。彼らはいずれも行政、経済、外交など、さまざまな分野の国家機関で重要な地位を占めていた人物であり、シベリアの方々の流刑地の間でやりとりされた通信文には、当時の政治経済問題に関する深遠な論考が含まれている。一部の手紙はマルキシズム理論についての本格的な論文そのものである。一九二八年の後半には検閲が厳しくなったが、流刑囚たちはしばしば葉書や電報で依然として連絡をとり合っていた。のちにナターリヤが話してくれたところによれば、アルマ＝アタでも、トロツキーはモスクワに残された反対派グループと連絡を保っていたという。ある家の窓に花の鉢が現れると、それはモスクワから手紙が来たという合図なのだった。リョーヴァがこの連絡の仕事に当っていた。

トルコへ来てからも、トロツキーはシベリア流刑囚の何人か、たぶん二十人ほどと関係を保ちつづけていた。流刑囚たちはプリンキポへではなく、フランスやドイツのいくつかの連絡先へ郵便物を送った。それはたいていの場合、葉書であり、個人的な近況以外のことはほとんど書けなかったが、それだけでも大切な通信とされていた。それから二、三年の間に通信はだんだん間遠になった。しかし一九三二年にはまだいろいろなニュースが届いたのであり、先に述べたラコフスキーの写真を受け取ったのもこの頃のことである。プリンキポで、のちにはベルリンで、これらの連絡の仕事の中心に立っていたのはやはりリョーヴァだった。ときどきはシベリアの流刑囚に小額の金を送ったこともある。モスクワやレニングラードの反対派との連絡はすでに断ち切られていた。その唯一の例外は、レニングラードに住んでいたジーナの母親、アレクサンドラ・リヴォーヴナ・ブロンシュテインである。ジーナは母親との文通をつづけていた。ジーナが死んだとき、トロツキーはアレクサンドラ・リヴォーヴナから手紙を受け取り、返事を書いた。それは手書きの手紙で、すでに封をした封筒が私に渡されたが、その封筒にはトロツキーの整った筆蹟で彼女の住所が記されていた。彼はその手紙を書留で出し、受領証を送らせるようにと私に指示した。受領証は遂に送られて来なかった。ちょうどその頃、つまり一九三三年初頭の数カ月の間に、ロシアとの連絡が完全に途絶えたのである。タロフ、シリガ、ヴィクトル・セルジュ、レイス、クリヴィツキーらの脱出組がロシアから直接情報をもたらすまでには、それから数年も待たなければならなかった。その頃にはシベリアの反対派グループとの関係はとうの昔に完全に断ち切られていた。

一九三三年五月、イタリアからロシアへ帰国するマクシム・ゴーリキーを乗せたソビエト船ジャン・ジョレス号が、イスタンブールに寄港するというニュースを、私たちは新聞で読んだ。トロツキーは、シベリアのトロツキスト流刑囚に関する情報を得るためにゴーリキーに逢ってみてはどうかと、ピエール・フランクと私に言った。新聞に書かれていた寄港の日、イスタンブールの波止場に碇泊していたジャン・ジョレス号に、私たち二人は入って行った。身分と用件を訊ねられたので、「われわれはフランス共産党員であり、ゴーリキー氏に面会したい」と答えると、四、五人の屈強な若者たちが、すぐさま私たちを取り囲んだ。間もなく、ゴーリキーの養子のペシコフが現れた。私たちは彼に本当の身分を明かした。彼は少しも敵意を示さず、義父は病気なのであなた方にお目にかかれないと言い、どんな御用でしょうと訊ねた。私たちは最近ロシアから憂慮すべき噂が流れて来ているラコフスキーのことを話した。ボディガードの若者たちの一人か二人が私たちの話に関心を示した。ペシコフはこの件をゴーリキーに報告することを約束し、私たちは船を下りた。もちろん、この方面からはその後なんの連絡もなかった。

経済的困難

一九三三年前半はまたトロツキーの肉体的変化の著しかった時期でもある。ジーナが死んだとき、彼の顔に二本の皺が刻まれたことはすでに述べた。生活は元に戻ったが、皺は消えず、かえって少しずつ深くなった。私がプリンキポへ来た一九三二年十月当時、トロツキーの髪はもちろん半白だったが、まだ黒い髪がかなり混じっていたのである。顔や頭も一九二四、五年頃の写真とまだ大して違ってはいなかった。だが一九三三年の最初の数カ月間に髪は真っ白になった。そして威勢のいいオールバックにするのではなく、髪はしばしば横に撫でつけられるようになった。数カ月間、というよりほとんど数週間のうちに、顔つきは変化し、その後は死ぬまでほとんど変らなかった。トロツキーを昔から知っていた人ならばしばしば気づいたことだが、彼はもともと服装に気を遣うたちだった。私もプリンキポに着いたとき、彼が白い麻の背広を着ていたのを見た記憶がある。しかしこの一九三三年春から、彼はあまり着るものに関心を示さなくなり始めた。これらの変化には気候が一役買っていたのかもしれない。三月は非常に寒く、氷のようにつめたい風が黒海から吹きつけた。家には一種の火鉢のようなものが幾つかあるだけで、他に暖房はなかった。来る日も来る日も強風のせいで釣は不可能になった。釣に出掛けられぬ日が一週間以上もつづいた、ある日の午後、ナターリヤとフランクとオットーと私は寄り集まって相談した。私たちはトロツキーの運動不足が心配になったのである。結局、プリンキポの南西にある無人島キュチュッキ・アダ、すなわち「小さな島」へ兎を撃ちに連れ出そうということになり、私が代表して書斎のドアを叩いた。「どうぞ！」私は入って行って計画を持ちかけた。「下らん！　兎なんて！」と彼は言い、全く興味をそそられぬ様子だった。

早朝の沖釣は次第に廃れていった。今ではもう、釣に出掛けるのは午睡のあと、午後四時半頃で、それも大して沖には出ず、たいていは家の見える範囲にとどまった。何度か釣糸を垂らしても成果が上らないと、トロツキーは肩をすくめて「ニエット・ルィブィ！（魚がいない）」と言い、私たち一行は引返すのが常だった。

そんな午後の釣に出掛けた或る日、私たちはもう少しで遭難するような目にあった。それは五月のことだったと思う。トロツキーとハラランボスと私は四時半ごろ出発した。遠くまで行くつもりはなかったので、トルコの警官さえ同行していなかったが、これは異例のことであり、また、あとで分るように、恐らくはそのために私たちは命を落さずにすんだのである。空は灰色だったが天候は一見穏やかで、ハラランボスも舟を出すことに別段反対はしなかった。

家は視界から消えたが、まだプリンキポ島とハルキ島の中間に舟がいたとき、突然、北風が吹き始めた。数分後にはもう嵐だった。いちはやく危険を察知したハラランボスはエンジンを止め、舟の重心を低くするために船底に寝そべるよう私たちに指示してから、オールを操り始めた。トロツキーと私は半ば水浸しになって船底に伏せた。大波が押し寄せるたびに舟は持ち上げられ、次の瞬間、鈍い音を立てて波の谷間に落ちた。ハラランボスは片手でオールを操り、もう一方の手で懸命に水を汲み出した。こんな状態が半時間も続いただろうか。風に押し流され、またハラランボスの操船も多少の役に立ったとみえて、舟は少しずつ島の南側に近づき、そのあたりでは波が比較的静かだったので、ようやく舟を岸につけることができた。私たちは火を焚いて体を乾かした。私はトロツキーと一緒に徒歩で帰り、ハラランボスは天候の回復を待って舟のそばに残った。一方、ナターリヤは天候の激変を目撃して、ピエール・フランクと一緒に馬車に乗り、万一の場合には救助に駆けつけようと様子を探りに出掛けた。だが、私たちの舟が見えた筈の島の西側では、道は大幅に海岸から逸れ、松林のなかを通っているので、フランクとナターリヤは私たちを見つけることはできなかった。結局、家に帰って全員は再会し、ほっと胸を撫でおろした。

　ピエール・ナヴィルと、ジェラール・ロザンタールは、どちらも、それぞれの回想記のなかで、一九二九年から一九三一年にかけての頃、トロツキーが会話中に「銃殺」ということばをよく使ったと記している。私もプリンキポへ来た当時、トロツキーが政敵に腹を立てたときなど「ああ、全く、あいつらは銃殺してやらなきゃいかん」と口走るのを、一度ならず聞いたことがあった。しかし一九三三年の春頃、このことばは彼の語彙から消えた。以後はこうした辛辣な表現を、彼は差し控えていたようである。

経済的困難が一段と悪化したのも、ちょうどこの頃のことである。ヒトラーが政権を取ってからというもの、ドイツからの印税の送金はふっつりと絶えていた。収入の大半を占めていたのはアメリカで発生した印税で、これはニューヨークの銀行に預けてあったが、一九三三年四月にローズヴェルトがドルの平価切下げを行って以来、著しく目減りしていた。しかもコペンハーゲンから帰ったあと、トロツキーには進行中の大きな仕事が一つもなかった。彼は或るときは世界の政治経済情勢に関する本を書こうと思い、また或るときはマルクスとエンゲルスの関係について語ろうと考え（「大いなる友情の物語」）、あるいは赤軍の歴史を、あるいはソビエト外交官の人物論（ラコフスキー、ヨッフェ、ヴォロフスキー、クラーシンなど）を考えたが、これらはすべて思いつきの段階にとどまっていた。出版契約を交したものは一つもなく、従って印税収入も皆無だった。そして各地の新聞社が原稿料を払ってくれるような論文は数少なくなっていた。トロツキーは当面の政治問題に没頭していたし、新聞や雑誌の編集者たちの資金は乏しかったからである。一九三三年四月二十七日付の私からリョーヴァへの手紙には、私たちの手許にはもう一七八〇ドルしか残っていないこと、近い将来に何らかの収入を得る見込みのないことなどが記されている。ナターリヤと私は帳簿をつけ、あらゆる面での経費節減に努めた。たまたまアメリカのトロツキスト組織のメンバーで、ロシア語の堪能なセアラ・ジェイコブズというアメリカ女性が、タイピストとしてプリンキポへ来てくれることになったので、マリヤ・イリイニシナの給料分だけ出費を少なくすることができた。セアラは六月にプリンキポへ来て、その月の十八日にマリヤ・イリイニシナは退職した。

他にも、コペンハーゲン旅行以後、人の出入りはあった。すでに述べた通り、ヤン・フランケルは一月五日に発った。当時アメリカのトロツキスト・グループの指導者の一人だったアーネ・スウォベックは二月に訪れて、数週間滞在した。四月十日には、亡命ドイツ人のための新しいトロツキズムの新聞「われらのことば《ウンゼル・ヴォルト》」を発刊すべく、オットー・シュスラーがプラハへ発った。ドイツ人の秘書としてオットーの後釜にすわったのはルドルフ・クレメントで、この若い学生はハンブルクから四月二十七日に到着した。アメリカのトロツキスト・グループの指導者の一人、マックス・シャクトマンは、五月二十三日に来て、私たちが七月にフランスへ発ったとき、一緒にトルコを離れた。ピエール・フランクは六月二十二日にプリンキポを発ってパリへ帰った。当時ドイツのトロツキスト・グループの中心人物だったエルヴィン・アッカークネヒト（オイゲン・バウアー）は七月七日に来たが、私たちが数日後にフランスへの出発を控えていたので、この人の滞在は短かった。二、三カ月ごとに繰返される新たな人物の到着は、いつの場合も、この家の生活における小事件だった。

一九三三年当時のプリンキポでは、マラリアはまだありふれた病気だった。私たちは全員キニーネを服用し、そのせいで少し耳が遠くなっていた。ところがキニーネ服用にもかかわらず、一九三三年五月、私は何度も発熱し、発熱の間隔が次第に縮まってきたので、イスタンブールのフランス系の病院に入院しなければならなかった。病院の主任医師はガッサン博士というフランス人の医者だった。トロツキーはイスタンブールのソビエト領事館で数週間を過した当時、ゲ・ペ・ウの諜報員ミンスキーから、トルコにおける列強の秘密諜報員について情報を得ていた。ミンスキーが特に語ったところによれば、ガッサン博士はこのあたり一帯でのフランス諜報活動の最高責任者だという。その後トロツキーか、でなければ他の誰かは、確かこの医者に診てもらったことがあったような気がする。五月二十五日の朝、入院の直前に、発熱した私が自分の部屋で寝ていると、トロツキーが見舞いに来た。彼はガッサン博士の裏の仕事について語ってから、私にこう言った。「しかし病院という所は悪くないよ。まあ刑務所なみに結構な所だ。落着いて本を読めるからね」。私の入院は十日ほどですんだ。

フランス政府による追放令取り消し

六月上旬、ジョルジュ・シムノンが旅行中イスタンブールに立ち寄り、パリ・ソワール紙に頼まれたインタビューを手紙でトロツキーに申しこんできた。トロツキーは六月六日にその手紙を受け取り、のちに活字になったかなり長い声明文をシムノンに手渡した。そのなかに次のような部分がある。《ファシズムは、特にドイツの国家社会主義は、疑う余地なく軍事的衝撃の危険をヨーロッパにもたらしつつある。私は僻地にいるために判断を誤っているのかもしれないが、この危険の大きさはどうも充分に理解されてはいないように見える。数カ月先ということではなく、数年先までの展望を試みるなら、少なくとも十年以内にファシスト・ドイツの側から戦争が勃発することは全く不可避的であろうと私は思う。これこそは正《まさ》しくヨーロッパの運命にとって決定的なものとなり得る大問題である》。歴史はこのことばの正確さを立証したが、そのためにかえって今日この文章は平凡に見えるかもしれない。だが、ヒトラーの役割について世間一般がまだ錯覚していたその頃、政治家やジャーナリストたちがどんな発言をしていたかを思い起してみれば、トロツキーのことばの予言的な力は証明されるだろう。面談の際、シムノンは「ロシアで積極的な活動を再開する」用意があるかとトロツキーに訊ねた。トロツキーははっきりと頷いた。シムノンは自分の小説を一冊、トロツキーに贈った。その小説の舞台はアフリカだった。トロツキーはそれを読み、黒人にたいする搾取が非常によく描かれていると言って、私たちの前でその小説を絶讃した。

一九三三年初めのダラディエ内閣成立後、トロツキーのフランス居住を許可せよという運動を起したのは、モーリス・パリジャニンだった。彼は大勢の議員や政治家に働きかけ、その運動は活潑かつ巧妙に進められていた。トロツキーもこの動きを承認し、パリジャニンに言われて何通かの手紙を書きさえしたが、成果はほとんど期待していなかったようである。なにしろ一九一六年にフランス政府が彼にたいして下した追放令は未だに有効だったのだから。それ以来、たくさんの水が橋の下を流れたが、法令はまだ生きていた。七月四日、パリジャニンはトロツキーに手紙を書き、追放令が取り消されたことを伝えた。プリンキポでは、これは思いがけぬ喜びだった。七月十二日、トロツキーとナターリヤのパスポートにビザを与えるよう、イスタンブールのフランス領事館へ私は交渉に出掛けた。何もかもきわめて円滑に進行した。ビザは特に制限条項を明示することなく与えられた。

さて、引越しの準備をしなければならない。今回はもう、コペンハーゲンへ出掛けたときのように、再びここへ舞い戻ることはないのだ。書類や本はたくさんの大きな木箱に詰めこまれた。七月十五日、フランケルがパリからやって来た。彼は私たちの出発のあと一人残って、家主相手に家の問題を片付け、釣舟その他の道具を売り払うことになった。トロツキー、ナターリヤ、マックス・シャクトマン、セアラ・ジェイコブズ、ルドルフ・クレメント、そして私が、マルセーユ行きのイタリア船ブルガリア号に乗りこんだのは、七月十七日のことである。伝馬船が別荘の船着場まで来て、木箱を積みこみ、本船へ直接運んで行った。ぎりぎりの時刻にランチが私たちを迎えに来た。午後おそく船は錨を揚げた。陽が沈む頃、船はすでにマルマラ海を航行し、水平線の彼方に消えてゆくイスタンブールの町を、トロツキーは上甲板から見守っていた。

第2章 フランス

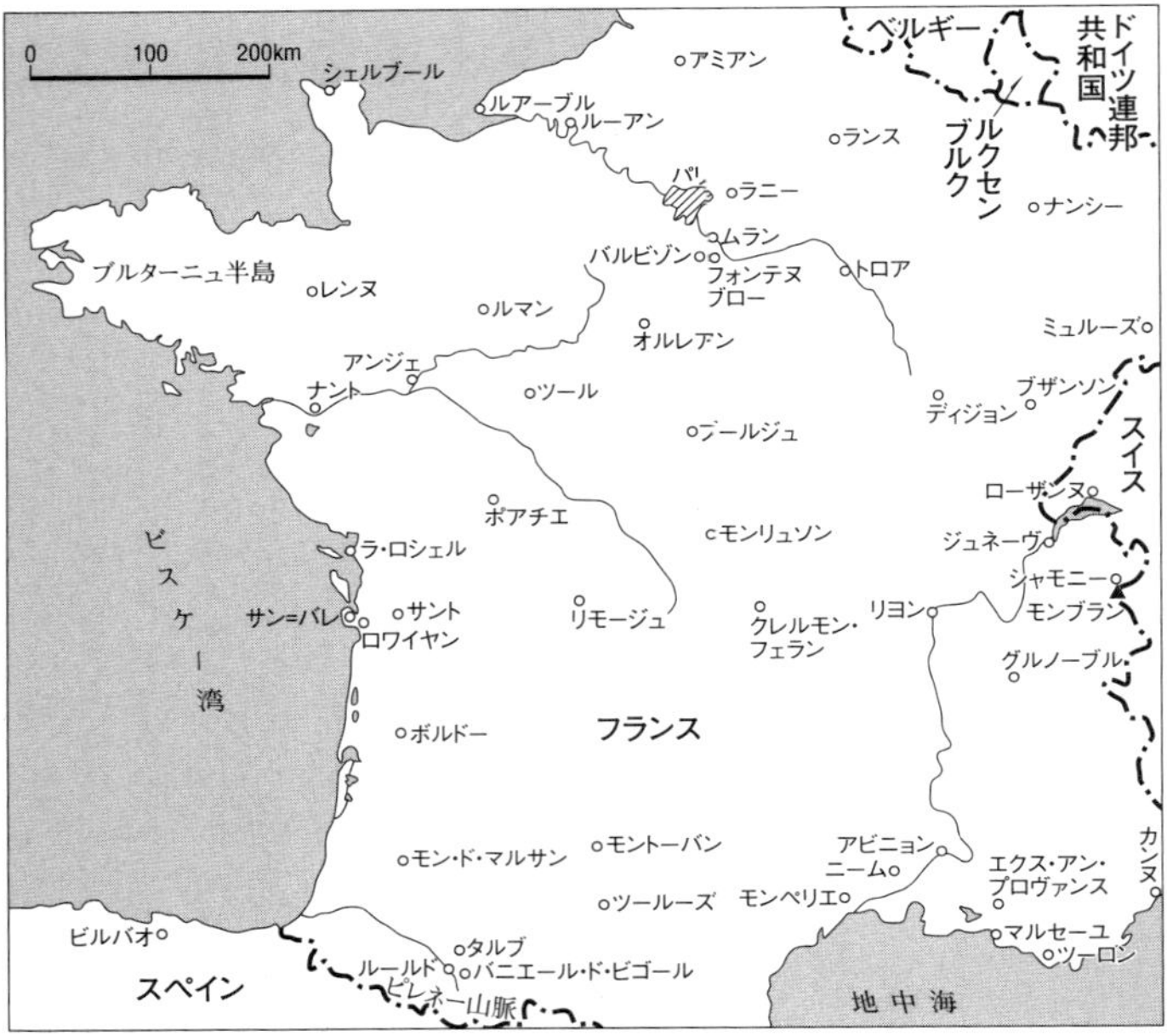
0
100
200km
シェルブール
ルアーブル
ルーアン
アミアン
ランス
ベルギー
ドイツ連邦共和国
ルクセンブルク
パリ
ラニー
ナンシー
ムラン
バルビゾン
フォンテヌブロー
トロア
ブルターニュ半島
レンヌ
ルマン
オルレアン
ミュルーズ
アンジェ
ナント
ツール
ブザンソン
ディジョン
ブールジュ
スイス
ローザンヌ
ポアチエ
モンリュソン
ジュネーヴ
ビスケー湾
ラ・ロシェル
シャモニー
サン=パレ
サント
リモージュ
クレルモン・フェラン
リヨン
モンブラン
ロワイヤン
グルノーブル
ボルドー
フランス
カンヌ
アビニョン
ニーム
エクス・アン・プロヴァンス
モン・ド・マルサン
モントーバン
ツールーズ
モンペリエ
マルセーユ
ビルバオ
タルブ
ツーロン
ルールド
バニエール・ド・ビゴール
スペイン
ピレネー山脈
地中海

ひそやかに行われたフランス入国

寄港地ピレーフスで、トロツキーとナターリヤは船内にとどまった。カタニアでは、私はナターリヤと一緒に上陸した。ナポリでも同様だったと思う。トロツキーは航海中ずっと船内にとどまっていた。腰痛のせいで船室に閉じこもり、ほとんどの時間、横になっていたのである。それでも、イニャーツィオ・シローネの小説「フォンタマーラ」について短い論文を書き、ちょっと皮肉に次のような日付を書き添えた。《ブルガリア号の船室にて、一九三三年七月十九日》。つまり、これは反ファシズムの小説であり、私たちはイタリアの船に乗っていたというわけである。

七月二十四日の朝、船はマルセーユに近づいた。船長から通告があって、無線で指令を受けたので船はマルセーユ沖で停止し、警察のモーターボートの到着を待たなければならないという。そのボートに全員が乗るのだと思った私たちは、そのつもりで支度をした。突然モーターボートが現れ、私たちの船に横付けになった。一人の男が船に上って来たが、それはリョーヴァだった。彼は私の以後の行動を指示する手紙を私に手渡すと、両親を伴い、数個の荷物を手に持って、そそくさと再びモーターボートに乗りこんだ。フランスの警官も何人か乗っていたモーターボートはたちまちどこかへ消えた。船は再び動き出し、マルセーユ港に接近した。何もかもがあっという間の出来事だったので、私たちは拳銃を隠すのさえ忘れてしまい、そのことで上陸の際にフランス税関と少し揉めたりした。リョーヴァの指示によれば、私は荷物を何個か持って、マルセーユから鉄道でリヨンへ行く。リヨンからは、新聞記者に尾行されていないことを確かめた上で、フランスを横断し、翌々日の朝、定めの時刻に、大西洋岸に近いサントの駅でリョーヴァと落ち合う。私たち秘書グループの他の者は、大きな荷物を持って全員パリへ行き、そこで新たな指示を待つ。これは新聞記者を撒《ま》くための、そして出来ることならゲ・ペ・ウの目を眩ますための作戦だった。そんなわけで二十六日の朝、私はサント駅でリョーヴァと再会し、私たちは間もなくトロツキーがすでに到着していた別荘にたどり着いた。そこはサン＝パレの近くで、ロワイヤンの北約十キロの場所だった。別荘は海岸の切り立った崖の上にあり、サン＝パレの中心部までは一、二キロで、「グランド・コート」と呼ばれる海水浴場に近かった。「波しぶき《レ・ザンブラン》」荘は広い庭に囲まれ、隣接する家は一軒もなかった。この別荘を選んだレーモン・モリニエはなかなか賢明だったと言わなければならない。しかも折からバカンスの時期で、向う数週間というもの、別荘だらけのこの海岸では、別荘の住人の生活様式が普通人のそれとは多少違っていたとしても、だれも特に注意の目を向けたりはしないのである。

先に到着していた人たちが、マルセーユからサン＝パレまでの旅をこもごも語ってくれた。モーターボートが入った港はカシス（訳註。マルセーユの南東二十二キロの港町。海水浴場あり）だった。上陸に際して、警視庁から来た公安刑事が通告書を差し出し、トロツキーのサインを求めた。一般の外国人と同じ条件で、何らの特別な制限条項もなく、フランス居住を許可するという通告書である。カシスから車で出発した一行は、エクス＝アン＝プロヴァンス、モンペリエ、アルビ、モントーバンを経由し、アキテーヌ地方の小さな町トナンで一夜を過して、二十五日の午後、サン＝パレに到着した。ちょうど一行が到着したとき、別荘のそばの茨の茂みが燃え出し、そのために入居が少し遅れた。消防車や野次馬が集まってきたので、一時はトロツキーの身分が知れるのではないかと気が気ではなかったという。そのようなことは起らなかった。トロツキーは別荘に入るまで車の中にとどまり、風邪を引いている風を装って、顔の下半分をハンカチで隠していた。こうして旅はおおむね無事に終った。ただ一つだけ気がかりなことは、トロツキーの健康状態だった。依然として腰痛がつづき、旅の間中、車の振動はたいそう体にこたえたという。

その頃、新聞は、トロツキーの行先はクレルモン＝フェランに近い小さな避暑地、ロワイヤであると報じていた。ロワイヤはロワイヤンから三百キロ以上も離れた場所である。どこからこんな誤報が出て来たのか、私にはどうしても分らなかった。実際に秘密が漏洩し、しかるのちに町の名前が変形したのだろうか。それともこれはフランス警察の策略で、音のそっくりな偽りの地名をわざと新聞記者に流したのだろうか。

以下に述べる通り、サン＝パレ滞在中にはずいぶん大勢の訪問客があった。それなのに「波しぶき《レ・ザンブラン》」荘の秘密は決して外に洩れなかったのである。

到着直後に、私は県知事に逢いにラ＝ロシェルへ行った。知事はもちろんトロツキーが自分の県に来たことを知らされていた。滞在に関する詳細は、すでにパリで、警視庁の高官とアンリ・モリニエが話し合い、取り決められていたのだった。私は知事に私たちの正確な住所を報告し、知事は県庁内の誰にもこの住所を洩らしはしないと約束した。それからやや打ち解けた話になり、知事は大学時代モンペリエでラコフスキーと同窓だったという話をした。

私はまた、数キロ離れた所に住んでいる別荘の家主にも逢いに行った。家主は骨董品のコレクターで、私を相手にアンリ四世時代のマントルピースについて延々と喋った。私たちの滞在中、この人は一度も別荘に現れず、従ってよほど後になるまで自分の別荘を借りていた人間の正体を知らなかった。バカンスの雰囲気のせいで、いろいろなことが好都合に運んだのである。

トロツキズム運動の大転換

八月三日、ルドルフ・クレメントがパリから来た。セアラ・ジェイコブズも間もなくやって来た。タイプライターの音が家中に響き始めた。私たちのグループ以外の人間はこの別荘には寝泊りしなかった。台所仕事その他の家事はジャンヌ・マルタンと、ヴェラ・ラニスに任されていた。ルーマニア出身のヴェラは当時レーモン・モリニエのつれあいだった人である。若いトロツキストたちはパリから私たちの警備を手伝いに来た。プリンキポ時代と同じように、毎晩必ず誰かが警備に立ち、巡回をした。何週間かずつ交代でこの仕事を手伝いに来たのは、イヴァン・クレポー、ジャン・ボーシエ、ラステラードらである。

サン＝パレに滞在した間中、トロツキーは滅多に別荘の外へは出ず、時たま夕方など短時間、葡萄畑のつらなる田園風景のなかを車でドライブするだけだった。その代り、別荘を取り囲む広い庭では少なからぬ時間を過した。レーモン・モリニエはパリからベンノとステラという牝と牡、二頭のドイツ・シェパードを連れて来たが、トロツキーはよくこの二頭と遊び、棒切れを投げては取って来させたりした。

八月の初め、レーモンがパリから車で、アンドレ・マルローを連れて来た。確か八月七日のことだったと思う。車が着いたのは夕方だった。トロツキーと第一回の話し合いをしたあと、マルローはサン＝パレあるいはロワイヤンで一夜を過し、翌朝また現れた。マルローとトロツキーは二人だけで書斎にこもって話し合い、一九三四年四月にマルローはこのときのことをかなり詳しく語る文章を発表した。二人は革命後のロシアの芸術について、個人主義と共産主義の問題について、一九二〇年のポーランドにおける赤軍の敗北の原因について、日本とロシアが将来戦う場合の戦術について話し合った。そのあと、庭に出て話はつづけられ、そこでは私たちも会話に加わった。この年の春、プリンキポで、トロツキーはセリーヌの「夜の果ての旅」を読み、その書評を書いたことがあった。トロツキーとマルローは、セリーヌの話を始めた。トロツキーは別荘の入口の石段に立ち、マルローは少し下の段に立っていた。セリーヌと面識のあったマルローは、セリーヌの身ぶりや喋り方の真似をしてみせた。

私の記憶に誤りがなければ、マルローは一度も私たちと一緒に食事をしなかった。夕方、別れる前に、トロツキーとマルローは別荘の外へ散歩に出た。私は二人のお供をした。私たちは大海原を見渡す岬まで歩いて行った。太陽が沈んだばかりの時刻だった。薄暗くなってゆく空を背景にして、せわしないマルローの身ぶり手ぶりが影絵のように見えた。トロツキーの身ぶりは的確で、控え目で、啓蒙的で、何かを説明する人の身ぶりだった。岬の崖下では波が岩に砕けていた。最後の話題は死に関するものだった。「共産主義にも決して克服し得ないただ一つのこと、それは死だ」という意味のことをマルローが言った。トロツキーは反論した。「人が己れに課した仕事をなし遂げたとき、つまり、しようと思ったことをし終えたときには、死は何ほどのことでもない」。

マルローが帰ったあと、私が記憶している限りでは、トロツキーは私たちとの会話のなかで一度もマルローのことを話さなかった。ちょうどその頃、政治的難題あるいは組織上の不安さえもが山積していたためだろうか。トロツキーが新しいインターナショナルにむかって針路を定めたことは、すでに語った。これはトロツキズム運動にとっては大転換だった。私たちはサン＝パレ到着直後の七月二十七日に、新たな見通しについて全員で話し合った。当時の政治的雰囲気を伝えるために、この話し合いでのトロツキーの発言の一部を引いておこう。「二次的、従属的なことだが名称の問題がある。第四インターナショナル？　この名称はどうも面白くないな。第二インターナショナルと切れたときは根本的、理論的な転換だった。現在は違う。われわれの土台は依然として〔コミンテルンの〕最初の四度の会議だ。こう宣言したらどうだろう、コミンテルンとはすなわちわれわれだ！　とね。その場合、名称は共産主義インターナショナル（ボリシェヴィキ－レーニン主義者）とでもなるのかな。これには賛否両論があると思う。第四インターナショナルという名称は確かにすっきりしているね。広範な大衆を相手にする場合は、このほうが有利だろう。もっとゆっくり幹部を選択するとなれば、逆に共産主義インターナショナル（ボリシェヴィキ－レーニン主義者）のほうが有利かもしれない」。

第四インターナショナルの新方針

トロツキーが党内改革から新しいインターナショナルへと方針を移すに至った幾つかの段階については、すでに述べた。先のことばには彼の最後のためらいが現れている。ためらいは長くは続かなかった。新しい組織は「広範な大衆」を掴むには至らず、「もっとゆっくり幹部を選抜すること」に甘んじなければならなかったのだが、トロツキーは間もなく第四インターナショナルという名称を採用したのだった。

新方針は全世界のトロツキストに急速に受け入れられた。党内改革という政策は現実面ですでにあらゆる可能性を使い果していたのだった。だが事はそれだけではすまなかった。数多くの独立した政治グループとの連携ということが突然問題化したのである。ヒトラーの政権奪取、労働者の大組織の麻痺状態、ドイツのスターリニストたちのクレチン病など、さまざまな事態はやはり人びとを不安に陥れずにはおかなかった。西ヨーロッパの全域にわたって、久しい以前から二つの大きなインターナショナルと無関係だった政治グループ、あるいは最近になって二つの大組織のどちらかから分離した社会主義者や共産主義者のグループは、新たな道を探し求めていた。イギリスでは独立労働党、オランダではスネーフリートの党とカットの党、亡命ドイツ人の間ではSAP（訳註。「社会主義労働者党」）、その他あちこちで多くの組織が、俄然トロツキーの意見に耳をかすようになった。トロツキー自身も、もはや何千キロも離れたプリンキポにではなく、今はフランスにいて、それらの政治グループの指導者たちと対面し討論する構えを見せていた。訪問者たちはぞくぞくとパリに集まり、パリからはレーモン・モリニエが一度に二人、三人、あるいは四人と、彼らを車でサン＝パレへ連れて来た。でなければ、リョーヴァがパリで訪問希望者に秘密の指示を与え、私がサント駅まで彼らを迎えに行った。

スネーフリートとの対面は特に熱烈だった。トロツキーはスネーフリートとモスクワで知り合い、一九三二年、トロツキーのデンマーク旅行の際にコペンハーゲンで再会したのだった。二人はドイツ語で話し合い、お互に「きみ」と呼び合っていた。これは非ロシア人との付き合いでは珍しいケースである。ロシア人のなかでトロツキーが「きみ」呼ばわりした相手は、私の知る限りではラコフスキー一人だけだった。

トロツキーとレーモン・モリニエとの関係に最初の亀裂が生じたのは、このサン＝パレ滞在中のことである。トロツキーがこの人物に絶大の信頼を寄せていたことは、すでに述べた。一九三三年八月、トロツキーはさまざまな政治論争や駆け引きに際してのレーモン・モリニエの行動様式を、プリンキポ時代のいくらか不自然な条件から離れて、もっと近くで観察することができた。八月の終り頃、トロツキーはほとんど毎日のように夕方になると私に短い覚え書きを口述し、私は日が暮れてからロワイヤンまで行って、その覚え書きの文面を電話でレーモン・モリニエに伝えた。それらの覚え書きはすぐに焼却された。つまり、フランスのトロツキスト・グループの内部で分派抗争が始まっていたのである。モリニエが主役を演じていた指導部にたいして、パリ第四区の毛皮工場の労働者たちから成る「ユダヤ人グループ」が叛旗をひるがえし、何人かの学生もこのグループに加わった。この分派はのちに主流と袂を分かって、「統一共産主義連盟」という新しいグループを形成する。八月には事態はまだそこまで進んでいなかった。レーモン・モリニエはこの分派の出現に非常に苛立ち、できるだけ早く反逆分子を追い出そうとした。トロツキーのレーニンへの覚え書きの内容は、要約すれば、分派にたいする抗争は政治的討論のレベルで進めなければならないこと、分派の議論に答え、意見の相違点を明らかにすること、分裂に導くような組織上の処置を急いではならないことなどを説いていた。

サン＝パレで大勢の人間と接触したトロツキーは、財政問題におけるレーモン・モリニエのやり口がグループ内の敵意と疑惑を生み出していることに気づかないわけにはいかなかった。レーモンとアンリ・モリニエは「実業畑」の人間だったのである。この兄弟は不渡手形を捨値で買い集めて額面金額を取り立てるという仕事をしていたが、その取り立て方法はたぶん合法の限界を越えてはいなかったにせよ、脅迫や恐喝を伴っていた。二人の会社は「フランス取立協会」と称し、二人のやり方はパリの実業界に知れ渡っていた。今でも憶えているが、一九三六年の春、就職口を探していた私は新聞広告を見て、私を雇ってくれそうな事業主と面談したことがあった。彼は私の職歴を訊ねた。まさかトロツキーの名前を出すわけにもいかないので、私は咄嗟にレーモン・モリニエ氏の所で働いていたと答えた。この名前を聞いた途端、相手は恐怖に顔をこわばらせ、「出て行ってくれ！」と叫んだのである。そんな方法を使って、レーモンとアンリ・モリニエは金を儲けていたのだった。その儲けは莫大だったとは言えないが、大部分のトロツキストの同志たちが当時陥っていた貧困生活のことを考えるなら、やはり相当な儲けだったと言わねばなるまい。

九月、ナターリヤはパリへ行き、友人たちを訪ねるために数週間滞在した。トロツキーと彼女が別れ別れに生活するのは、モスクワ以来これが初めてのことだった。別荘への訪問客たちの潮は引き始めていた。さまざまな政治的境界線が少しずつ明確に見えてきた。一時的な好奇心や友情のあとで、かなりの数の政治グループがトロツキズムにたいして一定の距離を置こうとしていることは明らかだった。イギリスの独立労働党も、ドイツのＳＡＰも、トロツキズム運動に参加しようとはしなかった。

九月上旬の数日間にわたって、トロツキーはドイツの経済学者フリッツ・シュテルンベルクと、かなり長い話し合いをした。トロツキーはこの人に新インターナショナルの綱領の経済に関する部分を書いてもらうつもりだったのである。シュテルンベルクは間もなくトロツキズムから遠ざかったので、この企ては実現しなかった。プリンキポではフィールド、サン＝パレではシュテルンベルク、のちにメキシコではオットー・リューレというように、トロツキーが共同著作の相手に選んだ三人がいずれも経済学者であったことは、注目に値する。それはトロツキーが経済の分野で多少自信がなかったことの現れであるかもしれない。

九月十日、フランスのトロツキスト、ルイ・ソーフリニョンが、ポアチエからトロツキーを訪ねて来た。話は第四インターナショナルを目指す新方針のことになった。「要するに新規蒔き直しということですね？」とソーフリニョンが言い、「その通りです」とトロツキーは答えた。話が終り、一同が立ちあがりかけたとき、ソーフリニョンは出しぬけにトロツキーに訊ねた。「同志トロツキー、スターリンのことをどうお思いですか」。それは訪問客の単なる思いつきの質問だったが、トロツキーの答はあくまでも包括的だった。「あれは驚くべき意志のもちぬしです」。

三週間の静養

イスタンブールからマルセーユへの航海の間中トロツキーを苦しめた腰痛は、サン＝パレでは快方に向い、八月に入って三週間は訪問客との対話も多かったせいか、トロツキーの健康はかなり持ち直したように見えた。だが八月の終り頃、彼は高熱に襲われた。トロツキーの生涯のさまざまな時期に突然彼を襲い、医者たちが無知を隠すためにギリシャ語でcryptogénétique（原因不明）などと呼んだ高熱である。それが一応収まったあとも、数週間は一進一退の状態がつづいた。

九月半ばになって天候が変化した。凪は嵐の激しさで大西洋の上を吹き荒れた。明るい夏の日はもはや過ぎ去り、薄暗い曇り日がつづいた。「波しぶき《レ・ザンブラン》」荘のあたりはその名の通りの風景になった。海は庭の外れの断崖にぶつかって怒号した。トロツキーは朝から晩までベッドに横たわって過すようになった。私は毎日、彼の部屋まで新聞を持って行った。トロツキーはやつれた顔つきで、髪は乱れていた。しかし調子のよくない日がある一方では、体調に恵まれた日ももちろんあって、そんなとき彼は原稿を書いたり、訪問客と逢ったりした。

トロツキーが「波しぶき《レ・ザンブラン》」荘に滞在した間に、四十五人あまりの客が訪ねて来て、彼と政治的意見を交換した。それらの訪問客の大部分はフランス人以外の外国人だった。この点について、パリのアンリ・モリニエが当局から何の注意も受けなかったところをみると、下《しも》シャラント県の知事が私に保証した通り、警察はこの別荘を監視していなかったのかもしれない。だがその代りに私たちは別荘の周辺に監視の目を光らせた。その結果、何人かの白系ロシア人を発見したが、それは全く無害な、ただの避暑客と判明した。ロワイヤン市の共産党細胞の責任者グルビは、サン＝パレの町の小さな自転車屋の主人だった。この男が反対派であり、信頼できる人物であることを私たちは知った。八月半ば以降、グルビはときどき別荘へ来て、トロツキーと話しこむようになった。トロツキーはこの出会いにたいそう満足していた。

グルビの話によれば、共産党員の一人、マルセル・キュロドーは反対派に近い思想のもちぬしだが、その思想がどの程度のものなのか、グルビ自身にも分らないという。とすれば、キュロドーを別荘に連れて来ることは若干危険である。あとで秘密を喋りちらすかもしれない。そこで私たちはサン＝パレ滞在の終り頃まで、つまり別荘の秘密が知れても差支えなくなるまで待った。キュロドーはロワイヤンのタクシー運転手だった。十月に入って、ある日、私は彼のタクシーに近寄って、トロツキーに逢いたくはないかと訊ねた。キュロドーは呆気にとられた。会見はうまくいった。トロツキーは初めからフランスの労働者との接触を喜んでいたのである。対話の終りに、キュロドーは避けがたい質問をトロツキーに発した。「同志トロツキー、あなたはどうして権力を失ったのですか」「ああ、お分りでしょう、同志キュロドー、権力を失うということは財布をなくすのとはわけがちがうのです」。そしてトロツキーは、レーニン死後のロシアの情況を説明し始めた。

（一度だけ括弧に入れて私の考えを述べることを許していただきたい。私が思うに、権力を失うことは、ある意味では財布をなくすようなものなのである。人は自分が権力を持っていると信じている。突然、人は手探りする。政治局での投票に敗れたのだ。権力はもうどこにもない、二度と見つからない。更には、トロツキーがかつていかなる意味で権力を「持っていたのかという点も、検証してみる必要があろう)。

ナターリヤはモリニエ兄弟と一緒に十月八日、パリから帰って来た。トロツキーには静養の必要があったので、バカンス旅行に出掛けることが決定された。十月九日午前十一時、トロツキーとナターリヤは、アンリ・モリニエとジャン・メシュレールを伴って、車でサン=パレを発った。見咎められることを避けるために、トロツキーは山羊ひげを剃り落していた。ボルドー、モン=ド=マルサンを経て、一行はオート・ピレネー県のバニエール=ド=ビゴールへ行き、そこのホテルに落着いた。残留組は別荘を引き払って、パリへ発った。サン=パレのエピソードの幕切れである。

バニエール=ド=ビゴールを根拠地として、トロツキーとナターリヤは方々へ小旅行をした。ルールドを訪れたのもこのような小旅行の一つで、トロツキーはのちにこの旅行の印象を日記にしるしている(一九三五年四月二十九日)。《奇蹟の市場、神の恩寵を売るカウンター……まことに人間の思想は己れの排泄物のなかに引きずりこまれている》。アンリ・モリニエは、トロツキーの新しい住居を探すために一行から離れて、パリへ帰った。ジャンヌ・マルタンが訪ねて行って、何日間かトロツキーたちと生活を共にしたような記憶もある。全体としては三週間の静養であり、この間トロツキーは原稿を一行も書かず、新聞を読むだけで満足していた。

バルビゾンへの引越し

十月三十一日午後五時、トロツキーたちはバニエール＝ド＝ビゴールからタルブ行きのバスに乗り、更に夜の十一時、タルブからオルレアン行きの汽車に乗った。翌日、オルレアン駅には、レーモン・モリニエが車で出迎えた。メシュレールはパリへ帰った。レーモンはトロツキーとナターリヤを車でバルビゾンへ連れて行った。私自身もその日、つまり十一月一日に、アンリ・モリニエと連れ立ってパリからバルビゾンへ行った。

バルビゾンはセーヌ＝エ＝マルヌ県の小さな町で、パリの南東約五十キロ、フォンテヌブローの森の外れにある。画家たちが有名にしたこの町は当時はまだきわめて静かな場所だった。アンリ・モリニエは森に沿った小さな田舎道の脇の別荘を借りてあった。このケール・モニック荘は二階建で、部屋はいずれも小さく、階段や廊下は狭かった。プリンキポやサン＝パレの広々とした住居のあとでは、私たちはひどく窮屈な気分だった。トロツキーの寝室と書斎は二階にあった。庭も広くはなかった。要するにこれは郊外の安別荘にすぎなかったのだが、閑静なことだけは取柄だった。一九七三年に、私はバルビゾンを再訪した。森の外れの小さな田舎道は昔のままだったが、ケール・モニック荘はとりこわされ、もっと大きな別荘が建っていた。

引越しのごたごたが何日か続いた。トロツキーとナターリヤのほかにこの家に住みこんだのは、ルドルフ・クレメント、セアラ・ジェイコブズ、それに私のつれあいになっていたガブリエル・ブローシュ、そして私だった。ギャビー（訳註。ガブリエルの愛称）とナターリヤは台所仕事を受け持った。リョーヴァとジャンヌとアンリ・モリニエは頻繁に車でやって来た。イタリアのトロツキスト、ブラスコ（トレッソ）の妻で、私たちがブラスコットと呼んでいた女性が週に一度、ギャビーとナターリヤを手伝いに来た。他にはだれ一人この家に入った者はいなかった。パリのトロツキストたちですら、ごく少数の例外を除いて、トロツキーの住居を知らなかった。

バルビゾンはサン＝パレと比べれば遥かにパリに近い。すでに述べた通り、トロツキーのフランスのビザには特別の制限条項は一切なかったが、滞在地についてはもちろん当局の認可を得なければならなかった。トロツキーがパリに住むことを、当局はやはり許さなかったのだと思う。しかしサン＝パレ滞在が全く平穏だったので、アンリ・モリニエはあえて当局にバルビゾンへの引越しを申請し、その申請が受け入れられたのである。バルビゾンは穏当な妥協の産物だった。つまり、パリではないが、パリから遠くはないということである。

バルビゾンの市当局、特に市長はトロツキーが引越して来たことを知らなかった。ケール・モニック荘が警察の直接的な絶え間ない監視の下に置かれるようなことは、初めのうち暫くはなかった。私たちの方も夜間の警備は行わなかった。なにしろ護衛はルドルフ・クレメントと私の二人だけで、他の仕事も忙しかったから、物理的に不可能だったのである。トロツキーは変名を用いていたし、私たちは犬を飼っていたし、部屋の配置を考慮に入れてもいた。せいぜいそれらの事実を頼りにするしかない。私は入口のすぐそばの部屋で寝起きをした。

執筆活動

一九三三年の春、いくつかの執筆計画についてトロツキーが迷っていたことは、先に述べた。サン＝パレにいた頃の彼は赤軍についての本を書くつもりだったようである。八月の終り頃、アメリカのエイジェントに宛てた手紙で、彼はその本の内容を披露している。だがその数日後、イギリスのエイジェントが、レーニンに関する本を書かないかと打診してきた。しばらく迷った末に、レーニンに関する本が勝ちを占めた。バルビゾンに落着くと、トロツキーは早速この本の執筆にとりかかった。リョーヴァはパリから資料を、特にロシア語の書籍を選んで来た。それらの書籍の入手にあたっては、確かボリス・ニコラエフスキー（訳註。もとメンシェヴィキ、当時は国際社会史協会のパリ支部にいた）がリョーヴァを援助したのだったと思う。資料を読みながら、トロツキーは特定の部分の余白に鉛筆で薄く印をつけた。その部分をパリへ持って行って、タイプライターで写しを取り、バルビゾンではそれらの抜萃部分を、新聞の切り抜きその他の資料とまとめて分類整理した。冬の間、仕事は規則的に進行し、いくつかの章が書かれた。

別荘のすぐ前から始まっているフォンテヌブローの森へ、トロツキーとナターリヤはよく散歩に出掛けた。しかし間もなく冬が来て、森は快適な場所ではなくなった。冬の日の昼さがり、トロツキーと私はバルビゾンの通りを短時間散歩するようになった。小さな町の住民たちは、私たちが通りすぎるのを窓から眺めて、老けてはいるが足どりのまだしっかりしているこの男がトロツキーだとは、夢にも思わなかったに違いない。「服を着るとか、ものを食べるとか、そういった惨めで些細な事柄を来る日も来る日も繰返さなければならない」と、ある日、バルビゾンの大通りを歩いていたとき、トロツキーは私に言った。また別の日には、「政治とは展望の科学だ。フランス人が尺度の科学と呼ぶものと同じだ。ただフランス人の場合、尺度とはちっぽけな尺度のことでね」。やはりバルビゾンの通りを散歩していたとき、トロツキーの自伝の話が出たことがある。フランスの出版者リデールが、自伝の原本を約三分の一に縮めた短縮版を出さないかという話を持ちかけてきたのだった。トロツキーは自分の作品を再読し、余白に鉛筆で印をつけて短縮版に活かす箇所を指定した。こんな機会でもなければ、トロツキーは自分の著作を決して読み返さなかった。彼は私にむかって自伝を大いに批判した。「悪い文章だ。当然語るべきことがたくさん脱け落ちている。逆に、入れる必要のなかった事柄が入っている」。

誤植について、トロツキーはいつも不満を洩らしていた。トロツキズムの出版物は、困難な条件の下で印刷されたので、印刷の誤りが非常に多かった。トロツキーは責任者に叱責の手紙を書き、会話のなかでもしばしばその点に触れた。しかしロシア語で印刷される単行本であれ、雑誌の論文であれ、自分が書いたものの校正刷を自分では読まなかった。その仕事を受け持っていたのはリョーヴァである。その結果、「ロシア革命史」の最終稿にトロツキーがロシア人タイピストに宛てて鉛筆で書き添えた指示のことばが、そのまま印刷されたテキストに入りこんでしまうということが起った。バルビゾンの通りを散歩しながら、トロツキーはこの一件を私に話し、非常に腹立たしげだった。しかし「ロシア革命史」を彼は明らかに自分の著作のなかで一番高く評価し、この印刷上の問題以外には批判めいたことは少しも言わなかった。

パリでのトロツキニストとの会見

別荘の庭には犬小屋を二つ置き、ベンノとステラがそこに入れられた。トロツキーは二頭の犬の世話をするようになり、手ずから餌を毎日与えた。ある夜のこと、犬にはときどきあることだが、さしたる理由もないのにベンノがひっきりなしに吠え始めた。私は外へ出てベンノを鎮めようとしたが、いっこうに鎮まらない。近所の家から電話がかかってきて、やかましいと苦情を言い、警察を呼ぶと言って私たちを脅かした。どうも厄介なことになってきた。突然、真夜中だというのに、トロツキーが寝室から下りて来て、犬用の革紐を手に取り、庭へ出て、革紐をぴしぴし鳴らし、大声で叫びながら、ベンノに近づいた。犬は小屋に逃げこんだ。トロツキーは暫くの間、犬小屋を革紐で叩き、ロシア語でベンノを罵った。犬はもう吠えなかった。

間もなく、パリ行きの手筈が整えられた。二、三週間に一度ずつ、日曜日に出掛けるということだったが、一時は毎日曜出掛けたこともある。初めはリョーヴァとアンリ・モリニエが日曜の朝、車でトロツキーを迎えに来た。しかし直《じき》にこれは簡略化されて、トロツキーと私がフォンテヌブロー街道まで歩いて行き、そこでパリ行きのバスに乗るようになった。バスの中でトロツキーは風邪を引いているふりをしてハンカチを顔の下半分に押しあて、ピレネー旅行以来また伸び始めていた山羊ひげを隠すのだった。少し経って、トロツキーに付き添う役は、ルドルフ・クレメントと私が交代で受け持つことにした。パリでは、友人たちからリョーヴァに提供されていた五つか六つの部屋を、私たちは一つずつ順番に使用した。こうしてトロツキーと会見したのは、主としてフランスやフランス以外の国のトロツキスト幹部でパリ在住の人、あるいはトロツキーに逢うためにわざわざパリへ来た人たちだった。トロツキーは一時期、国際書記局の会議にほぼ定期的に出席することさえやってのけた。またドイツやオーストリアからの政治亡命者にも逢った。ウィリ・シュラムと逢ったことが特に記憶に残っている。ルート・フィッシャーやマスロフとの私的あるいは政治的関係を新たにしたのもこの時である。シモーヌ・ヴェーユとも会見し、ソビエト国家の本質について活潑な議論をした。

夜、話し合いが終ると、トロツキーは時としてバルビゾンに帰る前にパリの町を散歩した。私も一緒にサン＝ミシェル大通りを歩いたことが記憶に残っている。リョーヴァがトロツキーの右側に、私が左側に付き添っていた。トロツキーは山羊ひげをハンカチで隠し、本屋のウィンドウの前に来ると立ちどまるのだった。

一九三三年の十一月七日には、リョーヴァとジャンヌがバルビゾンへ来て、一緒に食事をした。このたびはフランス葡萄酒の壜が食卓に置かれた。私たちは郊外の安別荘の小さな食堂で、趣味のよくない家具に取り囲まれてはいたが、トロツキーとナターリヤにしてみれば、息子は目の前に、友人たちはパリにいたのだから、トルコ時代ほどの隔離された感じはなく、この日は恐らく亡命中で最も心安らかなひとときだったろうと思う。

「マルクスのおひげの手入れ」

一九三四年一月の終り頃、セアラ・ジェイコブズが夫の住むニューヨークへ帰ると突然言い出し、代りの人間が決まらないうちに発ってしまった。セアラが仕事をやめてから三週間後の二月二十日付のリョーヴァ宛の手紙で、トロツキーはまだこんなふうに（ドイツ語で！）書いている。《Meine Arbeitist sehr desorganisiert.（私の仕事はたいそう混乱している）》。

二月六日にコンコルド広場でダラディエ政府にたいする右翼の暴動があり、二月十二日、それに対抗する左翼の反撃があって以来、フランスは政治的に分極化していた。パリのトロツキスト・グループは行動の可能性が開けた今、単なる言論活動の先へ進もうとしていた。組織の決定によって、私はパリでの活動に参加し、バルビゾンには週に一、二度来て、フランス語の通信文の整理をすることになった。ギャビーは私と一緒に暮すためにやはりパリへ行き、バルビゾンでの彼女の仕事は、当時パリに住んでいたオットー・シュスラーの妻トルーデが受け持った。ルドルフ・クレメントはバルビゾンに残った。ポーランドのトロツキスト、マックス・ガヴェンスキ（セグラーヴ）は、ロシア語は決して流暢とは言えなかったが、ときどきバルビゾンへ来てロシア語のタイプを叩いた。そんなわけで、バルビゾンでの態勢はトロツキーの仕事にとってはあまり好ましいものではなかった。しかし、間もなく分るように、この態勢は長くは続かないのである。

トロツキーにはどこかしら啓蒙的なところ、時にはいくぶん衒学的《ペダンチツク》なところ、あえて言うなら保守的なところがあった。マルキシズム理論の領域における革新的な意見を、彼は一切認めようとしなかった。そのような革新的な理論を指すトロツキー独特の言いまわしがあって、それは「マルクスのおひげの手入れ」というのだった。一九三三年二月、プリンキポで、彼はピエール・フランクと私に、コミンテルンの最初の四回の大会で採択されたすべてのテーゼや決議を集めるよう命じた。それらのテーゼや決議をそのまま用いて、トロツキズム国際組織の一種の憲章のようなものを作ろうというのが、トロツキーの考えだった。ところが、いざテキストが集まると、それらのテーゼや決議は壮大な政治的展望のほかに数多くのエピソード的で時代後れの問題を論じているので、そのまま用いて綱領を作ることは不可能だということが判明した。従ってこの企ては放棄された。一九三四年三月十三日、トロツキーは軍事問題と未来の戦争についての論文を書き終えたが、そのなかでこう書いている。《しかしながら、輸送手段や兵器の機械化にもかかわらず、騎兵の必要性はほとんど変化していない。ナポレオン時代と同じように、兵士三名につき一頭の馬が必要である》。トロツキーがこんなことを書いていた、ちょうど同じ頃、フランスの或る軍人は来たるべき戦争における機甲部隊の役割について予言したのである。

バルビゾンでの事件

トロツキーのバルビゾン滞在について、警視庁は土地の警察に何の情報も与えていなかったが、にもかかわらず、ケール・モニック荘の住人たちはフランスの普通の家族とはあまりにも違っていたから、一月以降、たぶんバルビゾンの噂を聞きつけたのだろう、ポンティエリ町の警察は目を光らせ始めた。例えば、あとで聞いたことだが、一部の住民は贋金作りの一味がケール・モニック荘に潜んでいるのではないかと疑っていたという。なぜかといえば私たちが牛乳をたくさん買ったからで、非合法の印刷工は鉛の毒性を消すために牛乳をたくさん飲むのだという。こうしてバルビゾンの町に悪い噂が急速に広まった。警察はこの別荘の住人を咎める理由を何一つ発見できなかったが、それでも私たちが何者で、何をしているのだろうという疑問は残っていたに違いない。

一九三四年四月十二日の午後十一時、ルドルフ・クレメントは軽オートバイでバルビゾンへ帰る途中だった。その日一日をパリで過し、リョーヴァに逢って郵便物を持ち帰るところだったのである。オートバイのヘッドライトが規定通りではないという口実の下に、二人の警官が彼を不審訊問した。オートバイの通行証を見せろと警官たちは言った。通行証の名義はクレメントではなく、たぶん私になっていたと思う。これは盗まれたオートバイではないかと警官たちは疑った。クレメントは世界各地から来た手紙や、外国の新聞などを携行していた。しかも自分の身分や行先を明確に説明できず、ドイツ訛りのフランス語を話した。これだけですでに充分すぎるほどの証拠であり、警官たちはクレメントを逮捕した。

十三日、ムラン市の検事とセーヌ＝エ＝マルヌ県の知事は、今後の手順について協議した。この事件とトロツキーとのつながりは、押収した郵便物によって明らかだった。行動を起す前に、ムラン市の検事は内務省に電話をかけ、トロツキーのフランス滞在の条件について問合せた。トロツキーは完全に合法的なビザによって滞在しているが、正式の滞在地はコルシカである、というのが内務省の回答だった。なぜこんな答が出てきたのか。理由を解き明かすことはむずかしい。二月の諸事件のあと、ダラディエ内閣は右翼的傾向の強いドゥーメルグ内閣にすでに席をゆずっていた。政府が変るのと同時に大勢の高級官僚が、特に内務省の官僚が入れ替えになった。トロツキー関係の書類を一度も手にとったことのない新任の役人が、電話による問合せに不意をつかれ、一九三三年七月の新聞記事が記憶に残っていたので、咄嗟に、トロツキーの正式の滞在地はコルシカだと答えた、という想像は決してあり得ないことではない。アンリ・モリニエは警視庁内の非常に限られた人間たちとしか付き合いがなく、従ってトロツキーの滞在地はたくさんの書類に記されるような情報ではなかった。滞在地を知っていたのは恐らく一人か二人の高級官僚だけで、電話で答えたのはまず間違いなく何も知らない役人だったのである。

四月十四日の朝、ムラン市の検事が数人の警官と、手錠をかけられたクレメントと、書記を一人従えて、ケール・モニック荘に現れ、軽オートバイの件でトロツキーから事情を聴取した。盗みでクレメントを起訴することはもちろん成立しなかった。トロツキー自身もこの検事の訪問について、一九三五年三月十八日と二十一日の日記で語っている。問合せの電話に答えた役人の真意がどうであったにせよ、フランス政府はこの機会を逃さなかった。初めからそのつもりではなかったのかもしれないが、今や嬉々としてこの田舎の事件に飛びついたフランス政府は、トロツキーのフランス滞在の条件を変更するためにこの一件を利用し始めた。トロツキーにビザを与えたあと、ダラディエ政府はトロツキーのことなど一向に構わないように見えたのだったが、右翼的なドゥーメルグ政府に変った今、そのような態度はもはや時代後れなのだった。報道機関のキャンペーンがいっせいに始まった。新聞は、トロツキーは行ったこともないコルシカに「帰る」べきであると論じ、当局が断乎たる措置をとることを要求した。

反トロツキー・キャンペーン

バルビゾンの事件が起るよりも前に、リョーヴァは、パリから東へ二十五キロほど離れたセーヌ＝エ＝マルヌ県のラニーに一軒の別荘を借りたが、自分では滅多に利用せず、それでも予備の住居として確保してあった。リョーヴァの他にこの別荘の存在を知っている者は二、三人しかいなかった。十五日の夜、アンリ・モリニエとリョーヴァは大急ぎで、トロツキーとナターリヤを、バルビゾンからラニーへ移した。私は一人でケール・モニック荘に立て籠った。新聞記者たちがやって来た。その人数は間もなく十二、三人になり、彼らはバルビゾンのホテルに泊りこんで、日がな一日、別荘のまわりに張りこんだ。記者たちの他にはただの野次馬も来たので、小さな町は異例の賑いを見せた。私は、トロツキーとナターリヤがまだ別荘にいるかのような芝居をした。つまり毎朝、二階の夫妻の寝室の鎧戸をあけ、夜にはそれを閉じた。呆れたことには、この芝居は成功した。記者たちは私以外の人間が別荘を出入りするのを見たことがなく、これはどうも奇妙だとは思っていたらしい。だが他の場所でトロツキーが目撃されたという報告がないので、やはりトロツキーはこのケール・モニック荘にいるものと信じこんでいたのだった。間もなく、私が前の晩リョーヴァやレーモン・モリニエに電話で喋ったことが次の朝の新聞記事に載るようになった。記者たちは別荘から少し離れた所に野戦電話機を置き、その線をこちらの電話線に接続していたのである。それが分ってからというもの、たいそう欺《だま》しやすくなった。わざと秘密めかした声で、もっともらしい嘘を電話機にむかって喋ればよいのだから。私はマルセルという偽名を用いたので、新聞にはマルセルがどうしたこうしたという記事がたくさん出た。

平日には別荘を包囲しているのは新聞記者だけだったが、日曜には大変な人出になった。今でも憶えているが、誰かの企画で、パリからバルビゾンへの特別バス旅行というのまであり、日曜の午後には数百人の群衆が別荘を取り巻いた。別荘の裏手の森にも人が入りこんだ。何やら叫ぶ声、罵声なども聞えた。それは日曜の午後、暇をもてあまし、何をやり出すか分らない正真正銘の野次馬どもだった。別荘にはベンノとステラの他には、人間は私一人しかいない。警備に来ていた二人の警官は、これだけの群衆には手も足も出ないだろう。一人の屈強な男が柵を乗り越えようとし始めた。私はベンノを連れて男に近づいた。男は私にむかって、ここは自分の国だ、祖国フランスだ、おれはやりたいようにやるんだ、と叫んだ。おれも同じだ、ここはおれの祖国だ、と私は答えた。男は外国人が出て来るとばかり思っていたらしく、訛りのない私のフランス語を聞くとびっくりし、まごついて、柵にまたがったまま、体の動きを止めた。それから、私の脇で唸っているベンノを見て、いくらか分別を取り戻したのだろう、柵の向う側へ下りて行った。

トロツキーとともに過した歳月のなかで、私が本当に恐怖というものを感じたときは、この数日間以外にはなかったのではないかと思う。報道機関の反トロツキー・キャンペーンは常軌を逸していた。人びとの興奮はいやが上にも高まっていた。だれもがケール・モニック荘にはまだトロツキーがいると思い、その別荘の中で毎夜私は一人ぼっちで過さなければならなかったのである。

十数日の包囲戦ののち、ある朝、私は記者たちの群に近寄って行って、トロツキーはバルビゾンから遥か離れた所にいるのだと告げた。欺かれたと分っても、記者たちは大して怒らなかった。お互いに正々堂々、やるだけのことはやったというわけなのだろう。

「査証《ビザ》なき惑星」

一方、トロツキーはラニーで数日を過したあと、メシュレールを伴って、シャモニーへ行った。シャモニーではホテルに泊り、薄氷を踏む思いで一日一日を送った。ナターリヤはパリにとどまっていた。アンリ・モリニエは当局にたいする裏工作をつづけた。トロツキーはマダガスカルあるいはレユニオン島へ送られるという噂が流れた。ひそかに意向を打診されたトルコ政府は、トロツキーがトルコへ戻ることを許可しないむねを公表した。まさしく「査証《ビザ》なき惑星」（訳註。トロツキーのフランス国外追放に抗議した声明文の表題。アンドレ・ブルトン以下二十数名が署名した）という有様だった。

五月初めの、ある朝、ナターリヤとレーモン・モリニエと私は車でパリを発ち、シャモニーで、トロツキーとメシュレールに再会した。それから数日間、かなり混乱した日がつづいた。私たちが国境の近くまで移動したので、警視庁はスイスへの出国を恐れて、私たちの車のナンバーを一人の新聞記者に教え、その記者はナンバーを公表したのである。これはある種の制約を尊重せよという私たちへの警告であり、その制約の一つが、あまり国境に近づくなということなのだった。結局、五月十日になって、警視庁の了解を得た上で、トロツキー、ナターリヤ、私の三人は、グルノーブルの近郊の小さな町ラ＝トロンシュの、ゴンボー・ペンションという下宿屋に入居した。私は下宿の女主人に自分の名前を告げ、トロツキーとナターリヤは私の叔父と叔母ということにした。私の名前は外国風なので、トロツキーとナターリヤのことばの訛りや外国人風の立居振舞を説明するには好都合だった。食堂で下宿人一同と同席するのを避けるために、トロツキーとナターリヤは最近親族に不幸があって喪に服していると いうふりをした。ナターリヤは黒い服を着て、トロツキーの上着の袖に黒い腕章を縫いつけた。そして食事はいつも自分たちの部屋ですませたので、二人が外出するときなど、下宿人たちは気の毒そうに沈黙して二人を見守るのだった。そこは本当に小さな下宿屋で、普通のホテルよりもずっと家庭的な雰囲気だったから、こうした策略でも用いなければ他の下宿人たちとの会話に巻きこまれることは必至であり、そうなればたちまち疑われてしまうことは目に見えていた。

私は食堂で下宿人たちと一緒に食事し、できるだけ周囲の情勢を観察した。私たちとほとんど同時に一人の「保険外交員」がこの下宿に入った。これは実は警視庁の私服刑事ガニューだった。この男が来ることについては私たちはすでに正式に知らされていた。警視庁はこの頃、私たちと同じ程度に、トロツキーの正体が世間に知れぬよう気をつかっていたのだった。ガニューと私はこの下宿で出会って顔見知りになるという芝居を演じた。こうして私たちはだれにも疑われずに、いつでも立ち話をすることができた。下宿人の大部分はグルノーブル大学で学んでいるラテンアメリカの若者たちで、直接自分たちの興味をひかない事柄には全く関心を示さなかった。間もなく分ることだが、真の危険はこの下宿人たちではなかったのである。

好天がつづいた。トロツキーとナターリヤはときどき下宿の庭の片隅に坐って時を過した。トロツキーは新聞を読み、少しばかりフランス語の文章を私に口述した。私たちは午後にはよく町の郊外を散歩した。そのあたりは当時まだ比較的建物が少なく、風景は非常に美しかった。ある日、散歩をしていると突然、墓地に迷いこんだ。それはロシア人亡命者の墓地だった。佐官級の軍人や将軍たちの名前がロシア語で墓石に刻まれていた。トロツキーは何も言わず、足早に通りすぎた。

間もなく、下宿の女主人は熱烈なカトリック信者であり、しかも王党派の人間であることが判明した。ガニューが警察の仕事のかたわら集めた情報を、私に伝えてくれたのである。そこで日曜のミサの時間をどう過すかという問題が生じた。日曜が来ると、フリーメーソンの一員だったガニューは、ミサへ行くかのように装って外出した。

王党派の経営する下宿で、これはレフ・トロツキーの身分を知られぬための小細工の一つだった。まるでフェドーの喜劇にそっくりの情況である。私たちも日曜の午前中、ミサの時間には散歩に出るほうがよかろうと判断した。ある日曜などは、本当に教会へ行きさえした。それはスタンダールの出生地として有名なグルネット広場のそばのサン＝タンドレ教会だったと思う。ちょうど説教が行われていた。トロツキーは何分間か司祭の話に耳を傾けた。外へ出ると、私に訊ねた。「ジェラールの演説は今の司祭と同じくらい上手いのかな」。ジェラール・ロザンタールはパリのトロツキストのなかで雄弁家の一人と言われていたのである。

下宿の談話室には下宿人のために新聞や雑誌が置かれていた。ある朝のこと、私は届いたばかりの「イリュストラシオン」誌にトロツキーとナターリヤの顔がきれいなグラビア写真になって載っているのを発見した。話題の人物というわけである。写真のトロツキーは山羊ひげを生やし、髪はオールバックにしているが、この下宿にいるトロツキーはひげを剃り落とし、髪は脇に撫でつけている。ナターリヤの写真は実物とほとんど同じだった。たとえ二人のどちらかが少し違うようだと思った人でも、近寄ってよく見れば写真の二人だと確信するだろう。私は急いでガニューに知らせた。彼はその雑誌をさっさと自分の部屋に持ち去った。もちろん女主人は彼に文句を言った。しかし読みたい記事があるからと言い張って、ガニューは私たちが下宿を出るまで雑誌を返さなかった。

この下宿に滞在中のことは、トロツキー自身が一九三五年五月八日の日記に生き生きと描いている。

「フランス的方向転換」

一九三四年五月二十八日、私たちはラ＝トロンシュの町を離れた。グルノーブルの北三十キロほどの、アルプス山中の寒村サン＝ピエール＝ドーシャルトルーズに、レーモン・モリニエは一軒の家を借りてあった。私はパリへ帰り、トロツキスト・グループの戦列に復帰した。トロツキーとナターリヤは、レーモン・モリニエおよびヴェラ・ラニスと一緒にサン＝ピエールの家に落着いた。他に一定期間この家に住みこんだ唯一の人物は、ロシア語のタイプを打つマックス・ガヴェンスキだった。この家での生活がいつまで続くことになるのかは誰にも分らなかった。

六月の中頃、私は郵便物を届けにパリからサン＝ピエールへ行った。トロツキーの新しい生活環境から受けた印象はあまりよくなかった。そこは本当に小さな村で、新たに入居した一団が人目につかずにすむ筈はなかった。しかもレーモン・モリニエという人は、その性格からして、トロツキーと一緒に小さな家で毎日を過すには甚だ不適格だった。ガヴェンスキはロシア語のタイピストとして優秀ではなかったし、この男もまた性格的に決して善良とはいえない。いずれにせよ、この情況は永くは続かなかったのである。

トロツキーのサン＝ピエール＝ド＝シャルトルーズ滞在中に、私はオランダへ一度、ベルギーへ一度行った。トロツキーを取り巻く私たちの間には以前から二つの計画があり、それは暗号でパリジャニン案とマルグリット案と呼ばれていた。前者は全く合法的なやり方でトロツキーを別の国へ移すことを意味し、後者は同じことを非合法の線で決行することを意味した。一九三四年六月、トロツキーのフランス滞在はさまざまな困難に直面し、またさまざまな危険も予想されたので、リョーヴァは私と示し合せて、マルグリット案を再検討することになった。私はオランダへ行き、スネーフリートに逢った。話の要点は、スネーフリートの党の中から、背丈や年齢がトロツキーと同じで、できれば容貌もなるべく似ているオランダ人を選び出し、その人物を一度フランスへ入国させてから、パスポートにフランス当局の出国のスタンプを押されないように、非合法的に出国させるということだった。この作戦はつつがなく完了し、私たちは予備のパスポートを一通手に入れることができた。次に私はブリュッセルへ行き、アンリ・スパークに逢った。スパークは社会党の党内反対派の指導者であり、トロツキズムに好意を示していたが、この好意は永くは続かなかった（トロツキーは一九三五年三月二十六日の日記で、この人物について語っている）。ベルギーのトロツキスト・グループの幹部の一人、ジョルジュ・フェレーケンが私に同道してくれ、スパークは私たち二人を事務室に招き入れた。彼はのっけから下品なことばで社会党の指導者たちを罵った。「あんな奴らは糞でも喰らえ！」これは政治家としては少々せっかちなのではないかと私は思った。緊急の場合にトロツキーがフランスとベルギーの国境を越えることは、どのようにしたら可能だろうかという問題を持ち出すと、スパークは答えた。「それは簡単です。私が車で迎えに行って、国境では議員証を見せればいい」。

フランスのトロツキスト・グループに社会党への加入をトロツキーが勧めたのは、サン＝ピエール滞在中のことである。ヒトラーが政権を握って以来、トロツキストにたいするスターリンの中傷は日を追って狂暴化していた。フランス共産党や共産主義青年同盟のメンバーはすでに反トロツキスト宣伝にすっかり毒されていて、彼らと話し合うことは全く不可能だった。話し合う間もあらばこそ、彼らは直ちに暴力を振うのである。社会党や社会主義青年同盟に加入すれば、トロツキストはそこに仕事のできる環境を見出せるのではないかというのが、トロツキーの考えだった。間もなく「フランス的方向転換」と呼ばれるようになったこの提案は、フランスのトロツキスト・グループのみならず、全世界のトロツキズム運動の内部に活潑な議論を巻きおこした。自分たちはコミンテルンの一部を成す者であるとトロツキストたちが考えていたのは、それほど以前のことではない。今、社会党に加入するということは、多くのトロツキストにとって心理的衝撃だった。レーモン・モリニエとナヴィルはこの問題について、モリニエは加入賛成、ナヴィルは反対と、はっきり対立した。この年の秋までには、フランスのトロツキスト・グループの大半は社会党内に収まった。

行き場のない亡命者

サン＝ピエール＝ド＝シャルトルーズでの滞在は警視庁の許可を得ていた。フランス当局はトロツキーとナターリヤに虚構の身分証明書を与えさえしたのだった。その証明書によれば二人の姓はラニスであり、国籍はルーマニアである。トロツキーは「教授」ということになっていた。この「ラニス」という姓はレーモン・モリニエのつれあいだったヴェラの実家の名前である。それにしても、イゼール県の知事には、トロツキーが自分の県に、とりわけサン＝ピエールに滞在することを喜べない理由があった。つまり、サン＝ピエールの村長は熱狂的なカトリック信者で、県知事の個人的な敵だったのである。もしトロツキーの存在が明るみに出れば、スキャンダルが発生し、そのとばっちりは県知事にふりかかるかもしれない。そこで県知事は秘密を小出しに洩らすという小細工をやった。地元の新聞は、亡命者の現住所は明示しないが、大体の所在を明らかにするという微妙な記事をのせた。これは一種の脅迫だった。こちらが屈服しなければ、もっと詳しい記事が出るだろう。

そこで六月下旬、慌しくサン＝ピエールを去らねばならなかった。トロツキーと、ナターリヤと、レーモン・モリニエは、グルノーブルへ向けて出発し、私はパリを発って、グルノーブルで一行と落ち合った。私たちは新たな住居については何のプランもなく、袋小路に入りこんだような気持になっていた。またゼロからやり直さなければならない。問題の解決を計るために、レーモンはパリへ行った。トロツキーが見咎められることを少しでも防ごうと、ナターリヤはレーモンに同行した。トロツキーと私はリヨン行きのバスに乗り、リヨンのホテルに投宿した。食事は三度ともレストランですませた。トロツキーは日中は新聞を読み、私と一緒に町をあちこち散歩した。私たちは本を何冊か買った。夜には映画館へ行くのがトロツキーの習慣になった。ある日の午後、私たちは公共図書館に入った。トロツキーは係員にフーリエの本を出してもらい、私たちは二、三時間、読書に耽った。のちに戦時中のニューヨークで、私はアンドレ・ブルトンにこのエピソードを話したことがある。ブルトンは非常に興味深げだったので、間もなく彼が「フーリエ頌歌」という作品を書いたのは、ひょっとするとこのトロツキーの話に刺激されてのことかもしれない。ある日、トロツキーと私がリヨンの街を散歩していると、一人の失業者が私たちに手を差し出した。「何かやりなさい」とトロツキーは私に言った。私は失業者に二フラン硬貨（当時の）を一枚与えた。「もっとやりなさい」とトロツキーは言った。私は五フラン札を与えた。トロツキーは現金を身につけていたことがなかった。どこへ行こうと、その国の紙幣の色さえ知らなかったのである。私たちはしばしば公園で時を過した。ある日、公園で子供たちの遊びを眺めていると、一人の母親が自分の子供の頬を平手で打った。「愛と憎しみの弁証法だ」とトロツキーは言った。のちにメキシコで、ある日、歯科医の所から出て来たとき、トロツキーは言った。「歯の治療にはもっと綜合的なやり方が必要だね」。これが日常生活のなかでマルキシズムの弁証法を発見する、トロツキー独特の方法だった。リヨンの公園では、トロツキーは私に何通かの手紙や覚え書を口述した。レーモンは郵便物の束を届けに私たちを訪ねてきた。それらの通信に返事を出さねばならず、仕事は依然として続いていたわけである。しかしこの時期のトロツキーは概して口数が少なく、落着きがなかった。不安定な事態は彼の重荷になり始めていた。

トロツキーと私がリヨンにいる間、アンリとレーモンのモリニエ兄弟は奮闘していた。アンリはフランス当局との交渉を進め、レーモンは適当な住居を探した。

解決策が間もなく明らかになった。バルビゾンでの事件の直後、私は教員組合の指導者の一人、モーリス・ドマンジェを、彼が教師をしているオワーズ県の小さな村に訪ねたことがある。教員組合の多くの同僚たちと同じく、この人もトロツキストではなかったが、トロツキーに好意を抱いていた。パリから遠く離れた村あるいは小さな町に広い家を持ち、部屋代を取って、トロツキーを滞在させてくれる教師はいないものだろうか、と私は訊ねた。ドマンジェは探してみようと答えた。そんなわけで、七月の初めにドマンジェが、ロラン・ボーの家を推薦してきたのである。ボーはグルノーブルの東十キロほどの小さな村、ドメーヌに住む学校教師だった。レーモン・モリニエはすぐさま飛んで行った。そこは申し分のない場所だった。三階建で、周囲を広い庭に囲まれたボーの家は、サヴォワ街道から少し逸れた所にあり、ドメーヌの中心部からは二キロの距離である。ボーはトロツキストではないが左翼の教師で、自分の家の一部をトロツキーに貸すことを諒承していた。

一九三四年の七月半ば少し前に、トロツキーとナターリヤと私はドメーヌへ行った。私たちを車で送って来たのはアンリ・モリニエである。部屋の割り振りは初めは多少とも当座しのぎの観があった。トロツキーは確か一階のボーの仕事部屋に入ったのだったと思う。ロシア人のタイピストを雇うことは問題外だったので、トロツキーの原稿は手書きになった。初め私たちはボー夫妻と一緒に食事をしたが、やがてナターリヤはボー夫人にも少し手伝ってもらって、トロツキーと自分の軽い食事を作るようになった。私はたいていの場合、外食だった。自転車があったので、ドメーヌの中心部まで行くのは造作もなかった。警視庁のガニュー刑事はドメーヌに腰を落着け、ボーの家を監視した。この監視の目的は二つあった。一つはトロツキーの身分が明るみに出ぬよう注意することであり、もう一つはトロツキーに逢いに来る人物を記録することである。

この家の近くには人家がなかった。裏庭は登り坂になって、そのままアルプスの支脈に通じていた。この方角へ散歩すれば、トロツキーとナターリヤは誰に見られる心配もなかった。夜など、ボーはときどき小さな車で私たちをドライブに連れ出し、三十分あるいは一時間ほど、どこにも止らずに田舎道を走りつづけた。トロツキーとナターリヤはうしろの座席にすわり、私はボーの隣にすわった。ボーとの会話はどちらかといえば内容が貧困だった。

グルノーブルにはアレクシ・バルダンという若い教師がいて、その二人の兄弟はパリのトロツキスト・グループのメンバーであり、兄弟の一人（ボワテル）はかなり重要な役割を果していた。アレクシ・バルダンとその妻ヴィオレットは間もなくイゼール県知事からトロツキーとナターリヤを訪問する許可を得た。バルダンは社会党員で、政治運動や組合運動に参加していた。トロツキーとこの人物との会話はすぐにグルノーブルの地方政治をめぐって取り交されるようになった。トロツキーは地方政治の瑣末な点にまでも興味を示し、こうして具体的日常的な活動に再びかかわる機会を得たことを喜んでいるようだった。バルダンは熱烈なトロツキー支持者になり、ますます広範な活動を繰りひろげた。組合の会議における彼のいくつかの演説の草稿はトロツキーによって書かれたものである。何年か前、ドイツでヒトラーが権力を握る以前にも、トロツキーは同じようにして、ドイツのトロツキスト、オスカル・ザイポルトのプロシア議会での演説の草稿を書いたことがあった。

「フランスはどこへ行く」の執筆活動

フランスの政治情勢は一段と激烈になり、パリのトロツキスト・グループの仕事はますます増えた。間もなく組織の決定に従って、私はドメーヌとパリの両方に時間を割くことになった。三、四週間をパリで過してから、ドメーヌへ行って、二、三週間を過し、再びパリへ戻るという生活である。これは固定したスケジュールではなく、そのときどきの事情に応じて伸縮された。この年の十月、私はドメーヌで「フランスはどこへ行く」の第一部の翻訳に没頭した。トロツキーが原稿を書いてゆくあとを追っての翻訳作業だった。このパンフレットはフランスの政治情勢の分析であるから、もしトロツキーの名前で公表すれば、フランス当局にたいするトロツキーの立場はもちろんいっそう悪くなってしまう。私は翻訳しながら、いかにもトロツキーらしい文体の特徴を消すことにも留意した。この文章はフランスのトロツキスト・グループが共同で執筆したものとして「真実《ラ・ヴェリテ》」紙に発表された。それにしても、ロシア語の原稿は確実に保管しなければならない。私がパリへ帰るとき、ナターリヤは私の上着の裏に原稿を縫いこんだ。翌一九三五年の一月にも、私はドメーヌに滞在した。共産党レニングラード州委員会書記のキーロフが暗殺されたのは、一九三四年十二月一日のことである。犯人は若いテロリスト、ニコラーエフだが、暗殺の状況にはかなり謎めいたところがあり、動機も不明だった。スターリンはこの機を捉えて再びトロツキストにたいする中傷キャンペーンを開始し、血なまぐさい弾圧に乗り出して、ゲ・ペ・ウの職員を数十人も銃殺させた。トロツキーは手持ちの情報を駆使して、この事件のメカニズムを分析しようと試みた。私はトロツキーの原稿をフランス語に翻訳し、キーロフ事件に関するパンフレットは間もなくパリで出版された。トロツキーは私との会話のなかで、彼が「戴冠社会主義」と呼ぶところのものについての理論の輪郭を描いてみせた。「見ていてごらん、スターリンは今に王冠をかぶるだろうよ」。つまり、ボナパルトがナポレオンに変ったように、キーロフ暗殺後、スターリンは厳《いかめ》しい称号を身につけるだろうというのが、トロツキーの考えだったのである。これはある意味では、その通りになった。スターリンは「人民の父」になり、のちに「個人崇拝」と呼ばれた阿諛追従《あゆついしょう》の後光に包まれた。キーロフ暗殺とその余波は、神話形成の過程において重要な一段階となった。そのほかにトロツキーは、より伝統的なもの、より形式的なものへの回帰という点に注目していたのかもしれない。

私のドメーヌ滞在中、一月末に、私の息子が生れた。ほとんど毎日のように私はグルノーブルからパリへ電話で連絡していたが、その電話でレーモン・モリニエが知らせてくれた。彼は気のきいた冗談のつもりで、双子が生れたと言った。私はその冗談を真に受けて、そのままトロツキーに報告した。「異民族間の雑婚はつねに多産だ」とトロツキーは即座に言った。ギャビーは小柄で髪は茶色、私は背が高くてブロンドである。それだけのことでトロツキーはすぐに理論を築き上げてしまうのだった。

トロツキーの日記

次にドメーヌへ行ったのは二月で、トロツキーは「フランスはどこへ行く」の第二部を執筆中だった。二月七日から、トロツキーは日記をつけ始めた。今日よく知られたこの日記はトロツキーの性格を研究するには貴重な資料であり、この日記についての私の考えをここで一言述べておこう。この日記は亡命中でも最も困難だった一時期に書かれたもので、この日記の描き出す雰囲気を留保も修正もなしにトロツキーの全亡命期間に拡大適用することは、やはり誤りであると言わなければならない。しかもトロツキーのさまざまな関心の相互関係は日記のなかで歪められている。もし再び何らかの事件が起った場合、この日記がフランス当局に没収されるかもしれないことを、トロツキーは充分に意識していた。従って日記の文章には小さな策略がたくさん含まれている。例えば四月九日の部分で、トロツキーは「フランスはどこへ行く」の筆者を知らないなどと書いているのである。更に言うならば、私の印象としては、数カ月前のバルビゾンの事件のとき「老陰謀家」と自称したトロツキーは、この日記をある程度までフランス警察に見せるための一種の証拠物件として書いていたふしがある。「私の活動の一部始終は、これ、この通りです！」というわけである。そんな次第で、トロツキーの活動の政治的部分は全く日記に現れていない。さまざまなトロツキスト・グループの内部抗争にたいする絶え間ない調停や、政治的書簡のやりとりや、トロツキーを訪ねてきた訪問客のことすら、日記には全然痕跡が残っていない。リョーヴァ、ジャンヌ、レーモン・モリニエはしばしばパリからドメーヌへ訪ねて来た。この人たち以外にも、ヘンリク・スネーフリート、ピエール・ナヴィル、ジャン・ルス、マルソー・ピヴェールなど、大勢の人びとが政治的意見を交換するためにこの家を訪ねた。ガニュー刑事の監視の目から逃れようと、レーモン・モリニエは村の中心部を横切るあいだ、自分の車のトランクにイヴァン・クレポーを隠したのだった。

トロツキーがドメーヌに来てから二、三カ月目に、家の内部をいくらか模様替えしようということになった。ボーは一つの階全部をトロツキーとナターリヤに使わせていた。その階の一つの部屋は寝室で、もう一つは書斎だった。廊下には本棚をしつらえ、本がぎっしり詰めこまれていた。私は滞在中は同じ階のもう一つの小部屋で寝起きし、仕事をした。この階に浴室を設けることになったが、工事にはかなり多額の金が必要だった。ボーにも、トロツキーにも、金がなかった。実際、この頃のトロツキーの経済状態は非常に苦しく、金になる原稿を書けないので窮乏は募る一方だった。そこで工事費を両者がどう分担するかということから争いになった。暫くの間、険悪な状態がつづいた。トロツキーとボーはお互に口をきかなかった。のちにこの家から出る少し前になって、情況はいくぶん好転したようである。トロツキーが一九三五年二月十二日の日記に次のように書いているのは、このエピソードのためであろう。《原始的蓄積の過程に巻きこまれたプチブルほど忌わしい生きものはない。そういうタイプの人間を私は今までに近くで観察する機会がなかった》。これは腹立ちまぎれの文章のように見える。この場合、原始的蓄積うんぬんはマルキシズム経済学のカテゴリーの濫用というものである。トロツキーが払った家賃のおかげでボーが資本家になるなどということは、もちろんあり得なかった。ナターリヤは回想記のなかで別の見方をして、ボー夫妻のことを「あのすばらしい人たち」と語っている。

五月にドメーヌへ行く用事があり、私はパリからグルノーブル行きの列車に乗った。旅は長く、午後の列車は蒸し暑かった。私は食堂車へ行って、ペリエの小壜を一本飲んだ。ボーイから受け取った領収書を、私は読みさしの本のページに挟んでおいたが、それはトロツキーに手渡すよう頼まれた本のなかの一冊だった。ドメーヌに着いた翌朝、私は家の前の庭にいた。トロツキーが書斎の窓に現れて、小さな紙切れをひらひらさせながら私に叫んだ。「おおい！　ばれたぞ！　食堂車でどんちゃん騒ぎかね！」トロツキーはフランス語の俗語的な言いまわしをいくつか知っていて、それを使うのが好きだった。幸か不幸か、私は天然炭酸水を飲んだだけだったのだが！

ノルウェーの期限つきビザが下りる

ノルウェーには少し前から社会党の政府が成立していた。ノルウェーに亡命したドイツのトロツキスト、ワルター・ヘルトは、ノルウェーの友人たちを動員して、政府にトロツキーのビザ発行を要求した。一九三五年六月八日、ノルウェー政府がトロツキーに滞在許可証を出したというニュースをたずさえて、私はパリからドメーヌへ行った。トロツキーとナターリヤのパスポートはドメーヌにあったから、まだビザがパスポートに捺されたわけではなかったが、許可は確かに下りたのである。一刻も早くパリへ行かなければならない。ナターリヤと私は二日間で衣類や、原稿や、本の一部を荷作りした。ボー夫妻との別れは慌しかった。六月十日の夜、私たちはグルノーブル駅でパリ行きの列車に乗りこんだ。グルノーブルの警察署長が見送りに来ていた。私たちが客車に乗りこむとき、イゼール県知事が別のプラットホームに立って、遠くからトロツキーの出発を見守っているのを、署長は私に教えてくれた。トロツキーとナターリヤが入った車室には他に客がなく、二人は座席に横になって睡眠をとった。私は車室のドアの前の通路で一夜をすごし、列車は朝早くパリに着いた。リョーヴァが駅に迎えに来ていた。トロツキーとナターリヤはすぐさまジェラール・ロザンタールの住居へ、というより、パリの有名な医者であるジェラールの父親の住居へ身を寄せた。

いざパリへ来てみれば、ノルウェー政府はまだビザ発行をためらっていたことが判明し、何日間か猛烈な交渉がつづいた。フランス当局はトロツキーに一日も早くフランスから立ち去ってもらいたい一心で、ドメーヌへ戻ることなど全く許可するつもりはないのだった。折しもミュルーズで社会党の全国大会が開かれ、フランスのトロツキストたちはこの党から追い出されようとしていた。政治的戦術に関する数多くの質問がトロツキーの許に寄せられた。パリのトロツキスト・グループの人たちはトロツキーと話し合うために訪ねて来た。この数日間のことは一九三五年六月二十日のトロツキー自身の日記に、つまり出来事の印象がまだなまなましいうちに、詳しく語られている。

六月十三日に、ようやく交渉は決着した。六カ月間の期限つきで、ノルウェーのビザが与えられた。出発準備は整った。

第3章 ノルウェー

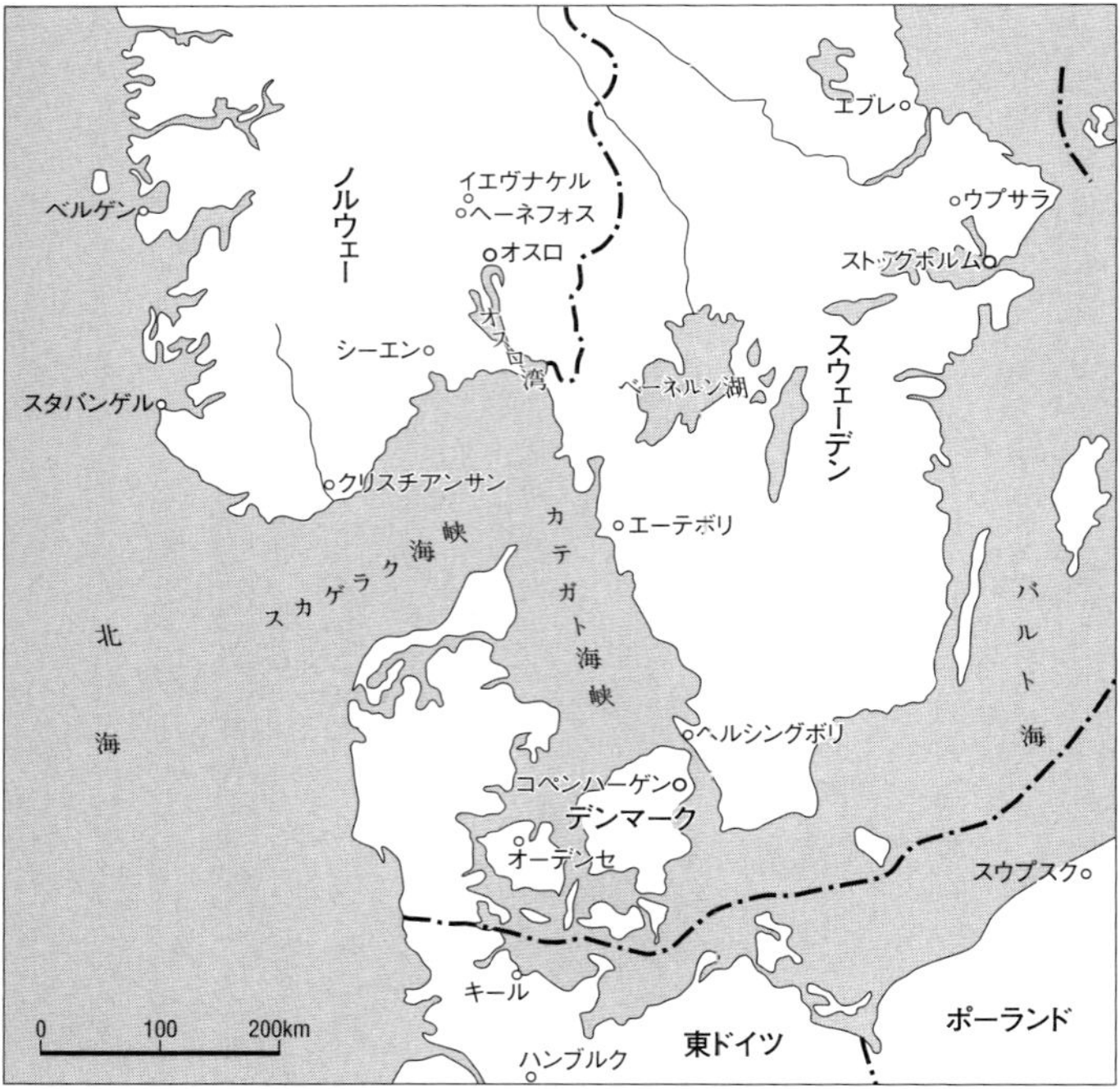
ノルウェー
スウェーデン
デンマーク
東ドイツ
ポーランド
ベルゲン
イエヴナケル
ヘーネフォス
オスロ
オスロ湾
シーエン
スタバンゲル
クリスチアンサン
エブレ
ウプサラ
ストックホルム
ベーネルン湖
エーテボリ
スカゲラク海峡
カテガット海峡
北海
バルト海
ヘルシングボリ
コペンハーゲン
オーデンセ
スウプスク
キール
ハンブルク
0
100
200km

国会議員の家に滞在する

一九三五年六月十三日から十四日にかけての夜、私たち、トロツキーと、ナターリヤと、ジャン・ルスと私は、パリの北駅で、十二時十五分発のアンヴェルス（アントワープ）行きの列車に乗りこんだ。当時フランスのトロツキスト・グループの指導者の一人だったルスは、護衛が私一人であるのを見かねて、アンヴェルスまで送って来たのだった。それにトロツキーがフランスのトロツキスト・グループの諸問題について彼と話し合いたいということもあった。アンヴェルスに着いたのは翌日の午前で、チェコスロヴァキアから駆けつけたヤン・フランケルが迎えに来ていた。私たちはエクセルシオール・ホテルに投宿した。一九三二年十一月には、この同じアンヴェルスの町で、ベルギー警察はトロツキーがデンマークから乗って来た船を文字通り包囲したのだったが、一九三五年のベルギー警察は私たちに一切接触しようとしなかった。フランスの警察もパリの北駅できわめて控え目だった。今回の旅行はそれ以前のトロツキーの移動に伴う騒ぎと比べれば、遥かに平凡に行われた。

六月十四日と十五日の二日間、トロツキーはアンヴェルスで大勢のベルギーのトロツキストや、フランドルの社会主義グループ「リーガ」のメンバーたちと話し合った。十五日の午後八時、トロツキー、ナターリヤ、フランケル、それに私は、ノルウェー船パリ号でオスロへ向けて出発した。ルスはパリへ帰った。船内では何もかもが順調だった。船客たちは大部分がノルウェー人で、私たちには関心がないように見えた。十八日の朝、船はオスロ湾《フィヨルド》へ入った。入国手続はすみやかに行われ、下船にも滞りはなかった。私たちは他の船客にまじって波止場に下り立った。新聞記者は来ていたのかもしれないが、それらしき姿は見えなかった。私たちは直ちにオスロの北西約五十キロの田舎町イエヴナケルにむかって車で出発し、その町のたいそう清潔なホテルに数日間滞在した。

この新たな土地で私たちの案内人になったのは、ドイツのトロツキストで暫く前にノルウェーへ亡命し、ノルウェー女性と結婚していたワルター・ヘルト、本名ハインツ・エペである。この人物の周囲にはノルウェー人が何人かいた。特にジャーナリストのオラフ・シェフロはビザの獲得のために尽力してくれた。チェル・オッテセンという学生もいた。

六月二十三日、トロツキーとナターリヤは、クニューセン夫妻の家に移った。コンラート・クニューセンはノルウェー国会の議員だった。この入居はクニューセンの友人だったシェフロの仲介によって取り決められたのである。その家は豪邸とはいえないが、広くて、快適で、まわりには芝生が拡がり、塀はなく、近くに小さな森があった。何軒かの家が集まっているそのあたりはヴェクサルと呼ばれ、行政的にはオスロの北約六十キロ（直線距離で）の田舎町へーネフォスに属していた。

トロツキーはクニューセン夫妻の家の一部分しか借りられなかったので、秘書を一人に減らし、護衛はなしで生活することになった。その一人の秘書にはヤン・フランケルが選ばれた。私は二十五日に鉄道でフランスへ帰り、途中、ヒトラーのドイツを横切る機会を得た。ドメーヌに置きっ放しになっていた本や書類は七月の末にヘーネフォスへ送られた。ロシア語のタイプライターもそちらへ送られた。トロツキーはすでにロシア人のタイピストを雇い、規則的な仕事が再開されていた。

一九三四年二月十二日のデモのとき、ヤン・フランケルはパリの私服刑事に外国人であることを見破られ、逮捕されて、フランスから追放された。彼はプラハに帰ると、文書偽造の専門家に頼んで、自分のパスポートに捺された追放の烙印を抹消した。このパスポート、つまり本物ではあるが改竄されたパスポートを使って、彼はノルウェーへ渡ったのである。一九三五年十月、外国人の滞在手続のために、フランケルはノルウェー警察に出頭することを命じられた。パスポートの改竄が発見されれば、これはトロツキーの身辺に関する小さなスキャンダルになりかねない。そこで彼は急遽チェコスロヴァキアへ帰ることになった。プラハへ帰ったフランケルは代りの人間を探し、チェコのトロツキスト、エルヴィン・ヴォルフを選んだ。こうして十一月十五日、ヴォルフはヘーネフォスにやって来た。トロツキーとともに数年を過したフランケルほどの経験を、ヴォルフは明らかに持ちあわせていなかった。しかもこの男は秘書の仕事が性に合わなかったらしく、それから数カ月間のトロツキーの手紙や原稿の整理には多少不充分な点が残ることになる。

フランス社会党からのトロツキニスト除名

パリに帰った私は、フランスのトロツキスト・グループで再び活動を始めた。その頃、社会主義青年同盟の組織内では激しい戦いが繰りひろげられていた。トロツキストたちは社会党の組織に加入したのち、社会党そのものよりも、むしろ青年同盟で若干の成果をあげていたのである。新たにトロツキスト・グループに入る者が現れていた。それればかりか、セーヌ県で優勢を誇っていたフレッド・ゼレールのグループは、トロツキストに大いに接近していた。七月末、リールで開かれた社会主義青年同盟の全国大会は、トロツキストとその同調者を除名した。七月三十日、私はリールから次のような電報をトロツキーに宛てて打った。《青年同盟全国大会デワレワレト左派ノゼレールハ除名サレタ》。八月八日、除名された者の代表、フレッド・ゼレールと、ダヴィド・ルッセと、イヴァン・クレポーと、私は、レオン・ブルムを含む社会党指導部の委員たちとフェドー通りで会見した。私たちの除名を画策したのは社会党の右派であり、それにスターリン支持派が手を貸したのだった。指導部の委員たちは調停者の役割を演じ、私たちがたとえ厳しい条件の下に置かれるとしても社会党の組織内にとどまることを、依然として希望していると言った。私たちは細長いテーブルを囲んで坐っていたが、ブルムはちょうど私の真正面にいた。甘ったるいが魅力的でなくもない声で、ある程度の説得力をこめて、ブルムは私たちに伝統的な社会党の立場を説明した。しかし事態はすでにあまりにも悪化していたので、後戻りはもう不可能だった。

ゼレールのグループはトロツキストと合同して、独立した青年組織を作ることになった。十月の末にゼレールはノルウェーまでトロツキーに逢いに行き、二週間ほど滞在した。もちろん彼はトロツキーに、どうして権力を失ったのかと訊ねた。「なぜあなたが握っておられた強力な機関を使って抵抗なさらなかったのですか」。トロツキーはこの質問を「幼稚」だとしたが、それでも「なぜスターリンは反対派に勝ったのか」と題する、かなり長い論文を書いた。十一月十二日の日付があるこの論文は、この問題に関するトロツキーの考え方をたぶん最も網羅的に、かつ理路整然と述べたものであり、そこにはトロツキーの考え方の強さと同時にその弱い側面も現れている。例えば次のような言明を見よ。《ジノヴィエフ、カーメネフ、スターリン、その他の一派にたいする軍事クーデターが当時なんらむずかしいものではなく、流血さえ伴わなかっただろうことは、疑う余地がない。しかしそのようなクーデターの結果は、そもそも左翼反対派が企てた戦いの対象である官僚体制化、ボナパルチスム化への歩みを加速させたに違いない》。いずれにせよ、この論文全体は研究に値する。

新人独特の無鉄砲なやり方で、ゼレールはノルウェーからパリのスターリン派の友人に葉書を出し、その葉書に《スターリンを葬れ！　トロツキーばんざい！》と書いた。友人は早速その葉書を共産党の中央へ持って行った。スターリニストたちはこの葉書を個人テロへの呼びかけとして公表し、これはちょっとしたスキャンダルになった。

取り除けられたトロツキーの書簡

一九三五年の終り頃、トロツキーは一九一七年から一九二二年までの書簡類約九百点を売却する件で、リョーヴァを介してアムステルダムの国際社会史協会と交渉に入った。これはもちろんタイプライターや写真による写しで、オリジナルは政治局の決定によりモスクワに保管されていた。売買契約は一九三五年十二月二十八日に結ばれた。

一九三六年一月二十六日、リョーヴァはアムステルダムの協会への書簡類の引渡しについて、手書きのロシア語のメモを父親に送った。リョーヴァはこう書いている。《〔協会に引き渡した資料のうち〕私が取り除けておいたのはレーニンの三点の文書（とその三点のなかの二点の写真コピー二枚――もう一点には写真コピーがなかったので）だけです。第一の文書は電報で、その内容は「一方では金を摑ませ、一方では皆殺しにするぞと脅し、両方向から攻めること」というものです。第二の文書は「もし連中が石油に火をつけたら皆殺しにしてやらねばなるまい」というもの。第三は「サボタージュを行ったイジェーフスクの労働者には銃殺刑を要求する」というもの。これらの文書は、さしあたって私が保管します》。私が知る限り、トロツキーの周囲で文書に関して小細工が弄されたのはこれが唯一の事例である。この場合、問題は亡きレーニンの名誉を守るということであった。

取り除けられた文書がどうなったのかという点については、私は何も知らない。ヤン・M・マイエル編の「トロツキー資料、一九一七―一九二二」に当ってみたが、この三つの文書は発見できなかった。ただ同書の五四五ページに、イジェーフスクの労働者に関してレーニンがスクリャンスキー宛に打った一九一九年六月八日付の電文がある。《欠勤者を死刑によって処罰することをためらい、あるいは中止することはまことに憂うべき事態であると、メリニチャンスキー宛に（私の名で）打電せよ》。これはリョーヴァが書いている第三の文書と一致するようにも見える。

フランスのトロツキニスト・グループの亀裂

トロツキーがフランスのトロツキスト・グループに社会党加入を提案したとき、ナヴィルはそれに反対であることを表明し、組織から離れて、別に小さなグループを作った。けれども加入が実現すると、ナヴィルも社会党に入ることを決意した。社会党の内部で二つのグループは共同で仕事をすることが次第に多くなり、一九三五年秋、トロツキストが社会党から除名されて、独立したトロツキスト・グループの再建が必要となったとき、ナヴィルは、レーモン・モリニエや、フランクや、ルスや、バルダン（ボワテル）その他とともに、そのグループの指導部を形成した。九月あるいは十月頃から、モリニエは仲間たちにたいする苛立ちの兆を見せ始めた。グループはモリニエ自身の好みの方向にはなかなか進展しないし、グループの機関紙「真実《ラ・ヴエリテ》」は彼に言わせれば余りにも抽象的で、労働者の層にまで浸透できないという。境界線が引かれ、組織は二派に分裂した。私はレーモン・モリニエの側にいた。トロツキズム運動に加わって以来、グループ内のさまざまな揺れ動きのなかで、私は政治的にモリニエと結ばれていた。しかも彼はトロツキーの信頼を得た人物であり、彼ほどの精力的な活動家は他にいなかった。現実の事件が敏速な行動を要求する場合、金をやりくりしたり、ビラを印刷させたり、集会の手筈を整えたりするのは、いつもレーモン・モリニエだったのである。

彼独特の虚勢を張るやり方で、レーモン・モリニエは自分の手の内をさらけ出すような手紙をトロツキーに送った。その手紙でモリニエは自分の計画を、周囲の誰にも、もちろん私にも明かしていないほど詳細にわたって、トロツキーに説明した。ちょうど同じ頃、私はトロツキーに手紙を出し、自分が見たままの現在の情勢を書き送った。モリニエが手紙に書いた詳細な計画を私は何一つ書かなかったので――それを知らなかったのだから書かないのが当然である――トロツキーは私に欺かれたと思いこんだ。しかし私はトロツキーを欺くことなど不可能であることを、知りすぎるほど知っている者の一人であった筈である。リョーヴァからも、他の通信者からも定期的に、頻繁に手紙が送られ、トロツキーはあらゆる方面から情報を入手していたのだった。

十二月の初めに亀裂が生じた。私が加わっていたモリニエ－フランク・グループは新たに新聞「ラ・コミューン」を出し始めた。ジャンヌ・マルタンもこのグループに加わっていた。そのことはやがてリョーヴァと彼女の間に、年ごとにますます悪化する情況を生み出すことになる。だが、これについてはあとで語ろう。この分裂当時の何週間か、情勢はそれまでにも珍しくなかった分派抗争の域を大して越えてはいなかった。二つのグループの話し合いはまだ続いていた。私はといえば、自分とトロツキーとの繋がりが切れたことがたまらなく辛かった。「ラ・コミューン」紙は「真実《ラ・ヴェリテ》」と似たり寄ったりの成果しか上げられなかった。手品のような方法などあろう筈もなく、私たちは依然として同じ壁に直面していたのである。一九三六年の一月中旬よりも少し早い時期に、私は暫く前から単なる気紛れな冒険としか見えなくなっていた活動を自ら放棄し、二つのグループから離れて、何週間か一人さまよった。そして二月中旬頃ようやくトロツキスト主流派の戦列に復帰した。ギャビーも私と同じように分裂のときモリニエ・グループにいたが、その後もそこにとどまったので、結果としてギャビーと私の間には、ジャンヌとリョーヴァの間のそれに似た情況が生れたのだった。

「到る所にソビエトを！」

私の政治的苦悩は私生活に影響を与えた。二つのグループから離れたからには、勤め口を探さなければならない。パリ十九区の社会党の集まりで知り合ったアンドレ・ティリオン（訳註。一九〇七年生れ、もとシュルレアリスト、のちドゴール派の闘士、パリ市会議員）の世話で、私は「フランス相互扶助会」に入り、保険統計の仕事をした。これは第一次世界大戦の老兵に支払う終身年金を扱っていた会社で、二百人ほどの従業員を使っていた。ティリオンは会社の幹部ではなかったが、かなり重要な地位にあり、若いシュルレアリストたちが何人か彼の世話でこの職場に入っていた。

私はトロツキーとの文通を再開した。アンドレ・ジードがロシア旅行から帰って書いた小冊子「ソビエト紀行」が出版されたときは、それをすぐさまトロツキーに送った。

五月の後半、ストライキの波がフランス全国に拡がり、工場占拠が行われた。六月初めの或る夜、パリ全市に不思議な雰囲気の波及するのが感じられた。警察は全く姿を見せなかった。通りには人の気配がなく、ただ一団の労働者たちが占拠された工場から工場へと動きまわっていた。だがこの状態は長くは続かなかった。交渉が始まり、町は普段の顔を取り戻した。六月七日、ブルム内閣と資本家側と組合のあいだに、いわゆるマティニョン協約というものが結ばれた。

六月八日、月曜日、フランス相互扶助会の争議が始まった。私たちは事務所を占拠した。昼間、女たちは炊き出しをした。夜、私たちは床《ゆか》に寝た。すべてはきわめて意気盛んに、たいそう規律正しく行われた。私はストライキ委員会の書記で、委員会は社長室に陣取っていた。二人の警官が玄関に訪ねて来て、統計のために調査しているのだがストライキ参加者の人数を教えていただきたいと、丁寧な口調で訊ね、一人が人数を手帳に書きとめた。このストライキはもちろん、全国に拡がったストライキの大波のなかの一粒の水滴にすぎなかった。フランス相互扶助会という小世界においては、交渉は絶え間ない集会のかたちをとり、片や社長とその補佐役たち、片やストライキ委員会が、巨大な机を挟んで向い合った。多額の賃上げ、有給休暇、その他の有利な条件を獲得して、このストライキは終熄した。

フランスの情勢を、トロツキーはノルウェーから非常に注意深く見守っていた。六月十日、トロツキーは私にこんな手紙をくれた。《同封した新しい論文は緊急を要するものです。この論文が直ちに同志たちの手に渡り、機関紙に発表されるよう、万障繰り合せ手配してくれませんか。機関紙の名称は「評議会《ル・ソビエト》」というのが最良だと思います。この名称なら共産党系の労働者の戦列に浸透する可能性もあるし、しかも現在の情勢に全く適合します。概要文《リード》としては「到る所にソビエトを？　よろしい！　だがまずフランスから始めよう」》。

トロツキーが私に送って来たロシア語の論文は六月十日という日付のある「フランス革命が始まった」であり、これは数日前に送られて来たフランスの政情に関する第一の論文「決定的段階」（日付は六月三日）の続篇である。「到る所にソビエトを！」ということばは当時、共産党が組織したデモでは最もありふれたスローガンだった。私はトロツキーのこの論文を、深夜、フランス相互扶助会の社長室のデスクで翻訳した。

フランスのトロツキスト・グループは再組織されたばかりだった。六月一日、モリニエ・グループとの和解が成立し（これは数カ月しか続かなかったが）国際労働者党という新組織名が定められ、機関紙の名称を探している最中だった。右の手紙でのトロツキーの提案はそれに対応するものである。トロツキーが細かい点まで気にかける人だったことは、この一例を見ても分かるだろう。機関紙の名称のみか、見出しのことまで考えているのだから。結局、提案した名称は受け入れられず、トロツキーはフランスのグループの指導者たちにたいして次第に苛立ちを見せるようになった。フランスのグループは現状の要求する緊急の仕事を果していないというのが、トロツキーの考えだった。六月十二日、トロツキーは私にこんな手紙を書いた。《お手紙拝見〔私はフランス相互扶助会の争議のことをトロツキーに知らせたのだった〕、ストライキ委員会の書記にお祝いの言葉を贈ります。私の二つ目の論文〔六月十日付の論文〕はもう編集局に渡してくれたでしょうね。もし編集局が私の要求〔トロツキーの論文をそのまま即刻公表すること〕を実行しない場合、私は〔国際トロツキズム運動の〕フランス支部の機関にはもはやいかなる責任も持てないむねを公に声明し、同志たちとの繋がりのためには週刊で数ページの会報を出して、そこで全く自由に発言しようと思う》。（この手紙とその前の手紙は、どちらも非フランス人エルヴィン・ヴォルフに口述されたものなので、私は綴りの誤りを訂正したが、言い回しは全く変えていない）。

トロツキズム運動の組織面で、すでに築き上げられたものをトロツキーがどれほど尊重していたか、そもそもグループの形成にあたって、どれほど注意深く気を配っていたかを知っている者には、この新たな会報発行の計画の異様さが分る筈である。トロツキーはこの道を更に先へ進もうとした。程なく私はトロツキーから一通の手書きの手紙を受け取ったが、この手紙の写しは保存されず、現物も不幸にして失われてしまった。トロツキーはこの手紙で、「評議会《ル・ソビエト》」という新聞を新たにパリで出そうと私に提案してきたのである。トロツキーはノルウェーから毎号のほとんどすべての原稿を私に送り、私はパリでその原稿を翻訳し、印刷面を受け持つ。フランスのトロツキスト・グループの指導部とは付かず離れずの関係を保てばよかろうという。これはどう見ても全く空想的な企てだった。トロツキーがこの企てのために私という人間を選んだのは、明らかに次のような理由からである。すなわち、私は彼の論文をロシア語からフランス語へ素早く翻訳することができたし、印刷の仕事にも若干の経験があった。そしてまた、モリニエのグループに一時的に所属し、のちにそのグループから離れた私は、当時のフランスのトロツキスト・グループの指導部を形成していた、ルスーバルダンーナヴィル組と、モリニエーフランク組の、どちらとも特別の政治的繋がりを持っていなかった、ということがある。ともあれ、独自の新聞を出そうという企ては死産に終った。諸事件は急速に進行した。ストライキの波は引き始めていた。フランスのグループの指導部とトロツキーとの関係はいくらか好転した。

七月十九日にスペイン内戦が始まった。その月の終り近く、トロツキーは密かにカタロニアへ行きたいという意向をリョーヴァに伝えてきた。リョーヴァと私はいくつかの計画を練った。例えば漁船でノルウェーからスペインへ行くことも考えてみたが、結局は何もかもお喋りの域を出なかった。

モスクワからの圧力

八月五日、トロツキーは暫く前から取り組んでいた大著「裏切られた革命」を脱稿し、その原稿を翻訳者たちに送った。そしてコンラート・クニューセンと連れ立って、ヴェクサルを離れ、クリスチアンサン方面へ小旅行に出掛けた。その五日から六日にかけての夜、ノルウェーの親ナチ小党派のメンバーがクニューセンの家を襲い、トロツキーの持ちものである手紙や資料を奪い去った。パリではリョーヴァが心配して、私にノルウェーへ行ってくれと頼んだ。私はアンヴェルスで船に乗り、八月二十五日の朝、オスロに到着した。船がまだオスロ湾《フィヨルド》の水の上を滑っていたとき、ノルウェーの新聞の朝刊が船上に配達された。私にはノルウェー語の見出しの意味が分った。新聞はジノヴィエフとカーメネフの処刑を報じていたのである。ヴェクサルに着いて、私はトロツキー、ナターリヤ、エルヴィン・ヴォルフ、そしてクニューセン一家と顔を合せた。モスクワ裁判についてのトロツキーの意見を聞こうと、新聞社からひっきりなしに電話がかかってきた。トロツキーは初めは裁判の結果を、次にはこの裁判のせいでノルウェー政府が彼にたいする態度を硬化させることを、ひどく気に病んでいた。モスクワはこの国の政府に最近ますます圧力をかけて、トロツキーにたいする厳しい措置を要求し、もしその要求が受け入れられなければ、ノルウェーの鰊《にしん》を買わないと脅迫していたのである。

八月二十八日、トロツキーはノルウェーのナチ党がクニューセン家に押し入った事件の証人として、エルヴィン・ヴォルフと一緒にオスロへ出向いた。ところが、ファシストたちにたいする追及は、トロツキーへの訊問にかたちを変えた。トロツキーは証人から被告へと立場が一変したのである。その日の午後、私がクニューセン家の居間で新聞記者との電話を終えて、受話器をかけた途端、ノルウェーの警官が二人、いきなり部屋に入って来て、私を戸外へ連れ出した。家の前にはトロツキーをオスロから連れて来た車が停っていて、何人かの警官がいた。トロツキーがその車から下りて来た。私たちはことばを交すこともできなかった。ヴォルフを乗せて来たもう一台の車に私は押しこめられた。一人の警官が急ぎ足で家の中に取って返して、若干の私物の入っている私の旅行鞄を持って来ると、私たちの車はオスロへむかって動き出した。この間、警官からは一言の説明もなかった。エルヴィンと私はオスロの中央警察署へ連れて行かれ、ノルウェーから自発的に立ち去るという供述書に署名することを要求された。警察側はドイツ語で話し、「自発的」にはfreiwilligというドイツ語が使われていた。これを拒めばドイツへ、つまりヒトラーのドイツへ追放するという。私たちは署名を拒否した。ヴォルフはいくらかの金を身につけていた。私は全くの文なしだった。監房で、彼は私に紙幣を一枚渡してくれ、それを私は靴下の中に忍ばせた。このあと自分たちは一体どうなるのか、トロツキーの身に何が起ったのか、私たちには皆目分らなかった。一夜明けると、何の説明もなしに、両側を二人の警官に挟まれて、私たちは汽車に乗せられた。その二人の警官はスウェーデンとの国境で私たちを二人のスウェーデンの警官に引き渡し、更にその二人はデンマークまで同行して、私たちをデンマークの警官に引き渡した。今度は二人どころか、デンマークの六人の警官に監視されながら、コペンハーゲンに着いたのは八月三十日だった。依然として自分たちの行先は分らず、外の世界がどうなっているのかも分らない。コペンハーゲン駅では警察の高官が非常に丁寧な口調で、それではホテルへ御案内しましょうと言った。両側を警官に挟まれて車に乗りこみ、車は全速力で並木道を疾走して一つの建物に入った。「ホテル」というのは監獄だった。それも重罪人のための監獄だったのである。その夜、私たちはべつべつの監房に入れられた。監房は壁に作り付けの寝板と毛布が一枚あるだけで、あとは何の設備もなかった。夜間は一切の衣類と所持品を取り上げられ、ハンカチ一枚すら残されなかった。次の日、依然何の説明もなしに監獄から引き出され、波止場まで連れて行かれて、私たちはアルガルヴェ号という小さなぼろ船に乗せられた。船は即刻、錨を揚げた。船内には警官の姿はなく、船長は誠意のある人物だった。この小さな貨物船はモロッコへコプラ油を積みに行くのだが、途中アンヴェルスに寄港するので、そこで下船するのがよかろうという。暫くして、船が沖へ出てから、トロツキーとナターリヤがノルウェー政府によって間もなく拘禁されるというニュースを、私たちはラジオで聞いた。天候は悪化し、何も積んでいない船はひどく波に揉まれた。九月二日にアンヴェルスに着くと、ベルギーの二人の警官が岸壁で私たちを待っていた。私たちと警官は汽車でパリへ向った。フランスとの国境では、チェコ国籍のヴォルフがフランス警察によって再びベルギーへ戻されるのを恐れたとみえて、ベルギーの警官たちはフランスの警官たちに仕事を引き継がせようとはしなかった。こうして二人はやっとパリに辿り着いた。私たち二人にたいするスカンジナビア諸国の態度は、ロシアの外交的圧力の結果だったのである。

トロツキー夫妻の拘禁

九月二日、トロツキーとナターリヤは、ノルウェー政府によって、オスロの南西三十六キロのストルサン村に近いスンビュという部落に拘禁された。二人が寝起きしたのは小さな家の二階で、一階には二十人ほどの警官が入っていた。トロツキーは訪問客と逢うこともできず、例外的にノルウェーの弁護士は何度か面会できたが、パリの弁護士ジェラール・ロザンタールは一度しか訪問を許されなかった。文通は厳しい監視を受けた。トロツキーが書いた手紙は非常に遅れて宛先に届くか、もしくは宛先に届かずに返送された。トロツキー宛の手紙は短いメッセージが稀に届けられるだけだった。

モスクワが投げかける偽りの告発に反論を試みようと、トロツキーは二人の弁護士を間に立てて、ヨーロッパの二つ三つの国で、これらの中傷の源である共産党の公刊物を告訴することを企てた。十月二十九日、ノルウェー政府の特別政令は「拘禁された外国人」が何らかの法律行為にたずさわることを禁じた。更にはトロツキーが監視付きで家のまわりを散歩することさえ禁じられた。これはまるで監獄の、それも警戒厳重な監獄のやり方だった。ノルウェーの「社会主義」政府は、トロツキーの扱い方に関する限り、ドメーヌ滞在中の暗い日々にドゥーメルグ内閣ですら為し得なかったような、破廉恥なレベルにまで身を落したのである。

パリに帰った私はフランスのトロツキスト・グループの戦列に再び加わったが、間もなく私の日常活動は、リョーヴァと一緒に、ジノヴィエフ－カーメネフ裁判におけ る偽りの供述に反論する作業に集中した。トロツキーは沈黙を余儀なくされていたので、リョーヴァは長い文章を書き始め、それは少しずつ形をなしてきた。私はその文章をフランス語に翻訳し、印刷を一手に引き受けて、校正刷を読んだり、印刷屋を急がせたりした。やがて日の目を見たその文章は「赤書」と名づけられた。これはジノヴィエフ－カーメネフ裁判の捏造にたいする最初の強力な反論である。

モスクワ裁判に関する調査委員会がパリで結成された。この委員会では、ジェラール・ロザンタールが弁護士の資格で非常に活躍した。私もジェラールと一緒に仕事をした。この委員会の会合のとき、私はアルフレッドとマルグリットのロスメル夫妻や、アンドレ・ブルトンや、ヴィクトル・セルジュを初めて間近で見た。ブルトンはたいそう熱心で、いつも積極的に振舞った。会合の終りに、委員一同が合意に達した文書に署名をする必要がしばしば生じた。委員たちは一人ずつ立ちあがり、順番に署名をした。ブルトンは緑色のインクで署名し、名前の下に非常に小さな字で「作家」と書いた。シュルレアリストがそんなふうに書くのを見て、私はびっくりした。

この一九三六年秋に、私はほとんど毎日のようにリョーヴァと逢っていたので、この人物をよりよく知ることができた。リョーヴァの仕事にとって、環境は最悪の状態だった。モスクワからの迫害、フランス当局とのいざこざ、資金不足、ジャンヌとの関係など。

リョーヴァはしばしばことばに現れぬかたくなさのようなものを示すことがあったが、これは父親の力強い雄弁をではなく、母親の物静かな粘り強さを受け継いでいたということなのだろう。ある日、ラクルテル通りの彼の部屋でお喋りをしていたとき、ボリシェヴィキ政権の初期に同性愛者にたいして厳しい措置がとられたことを、私は話題にした。「連中はみんなスパイだったんだ」と、リョーヴァは断定的な口調で言った。

フランスのトロツキスト・グループの指導者たちにたいして、リョーヴァはいつも不信感を隠そうとしなかった。彼らのことを話すときは、たいていの場合、蔑みの感じられる口調で「フランス人は……」などと言った。会話の中では「われわれロシア人」という表現をためらわずに用いた。一九三四年にはスターリン主義者のディミトロフを、「骨の髄までボリシェヴィキだ」と褒めたことさえある。

リョーヴァの命取りになったのは、ひょっとすると、このようなフランスのトロツキストたちへの信頼の欠如であったかもしれない。一九三八年二月に体の具合が悪くなったとき、リョーヴァはフランスのトロツキスト・グループの指導者の誰か、ルスか、ナヴィルか、ジェラールにでも相談することができた筈である。この人たちなら優秀な医者を何人も知っていた。特にジェラールの父親は自身がパリの有名な医者であり、最良の助言を与えることも、病院に紹介することもできたに違いない。一九三五年六月にトロツキーがパリに立ち寄ったとき、宿を提供したのもこの人だったのである。ところがリョーヴァはロシア人の病院にもぐりこむことを選んだ。一九三八年のパリでロシア人の病院といえば、これはもう白系ロシア人とスターリンのスパイたちの巣窟以外のものではあり得なかった。リョーヴァはフランスの技術者と偽って診察を受けたのだが、彼がロシア人であることは同じロシア人が見れば二分間で見破ってしまっただろう。リョーヴァが入院し、手術を受けたことを、フランスのトロツキスト・グループの指導者たちはかなり後まで知らなかった。リョーヴァが入院を決意したとき、そばにいたのはジャンヌで、この女性のまじめさはもちろん疑う余地がないけれども、同時にこの女性はフランスのトロツキスト・グループへの根深く激しい敵意にとり憑かれていた。リョーヴァのそばにいたもう一人の人物はマルク・ズボロフスキで、今日この男はスターリンのスパイだったことが知られている。この決定的な瞬間に、リョーヴァはフランスのトロツキストの誰にも連絡をとらなかった。ロシア人の病院に入ることを決めたとき、リョーヴァの意識はまだはっきりしていたが、その決意を固めさせたのがズボロフスキだったことは恐らく間違いあるまい。

一九三六年十一月に戻ろう。トロツキーはノルウェーで拘禁されていた。何週間か前にジェラールは弁護士として、その拘禁場所にトロツキーを訪ねて行った。厳しい制限内でトロツキーとの文通をノルウェーの検閲官に許されたのは、今やほとんどジェラール一人だけだった。リョーヴァと、ジェラールと、私は、山積する難問題と取り組むために、しばしば三人で顔を合せた。トロツキーとどう連絡をとるか、ノルウェーの袋小路から脱け出す道をどこに見出すか、トロツキーが反論のためにあちこちで訴訟を起そうとしている件はどうなるか、モスクワから投げかけられる中傷にどう反駁するか。「赤書」を自分の名前で公表したリョーヴァの問題もあった。彼はフランス当局にたいして一切の政治活動を差し控えるむねを約束していたのである。いろいろな問題は山積する一方であり、重要な決断を下さねばならぬケースは毎週のよう

上：1929年、トルコに亡命してきたときのトロツキー夫妻。下：1937年1月撮影。

上：漁をするトロツキー夫妻と漁師のハランボス。背景はプリンキポ島の西端部。
下：1932年1月から33年7月までトロツキーの住んだプリンキポ島ハムラジ通りの家。

プリンキポ島の家のバルコニーに立つ著者（1933年春）

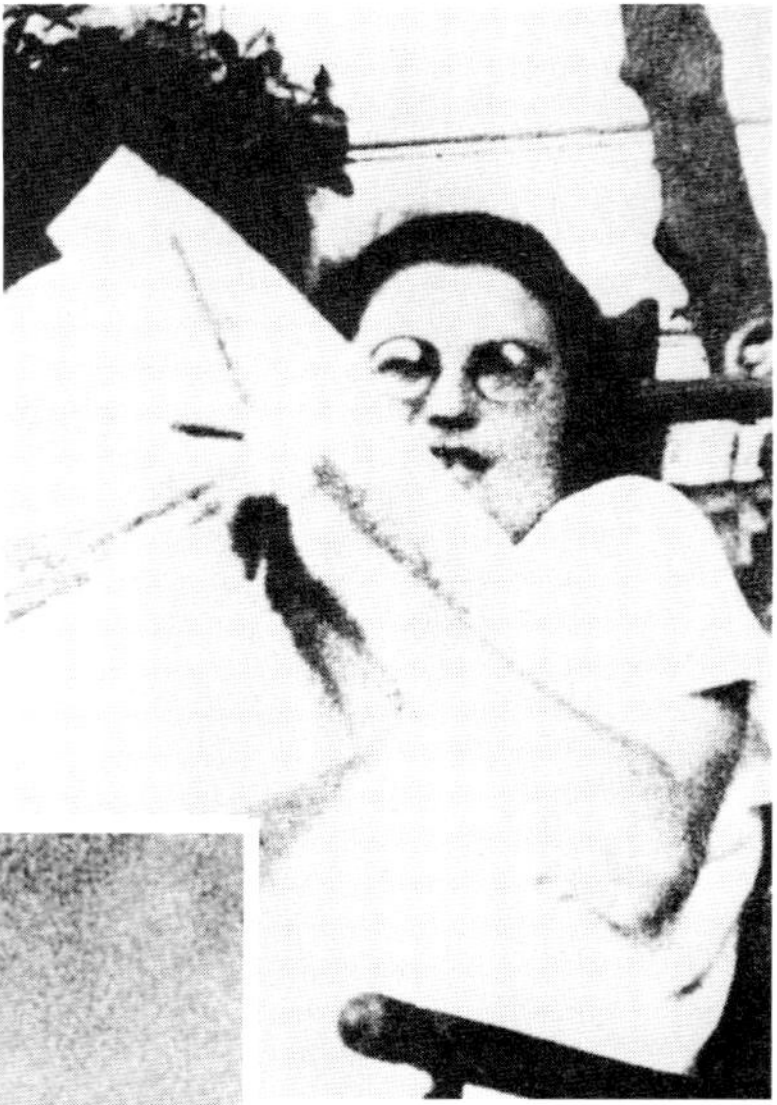

上：トロツキーの娘、ジーナ。1931年、カディケイのモーダで。
左：シベリアのバルナウルに流されたフリスチヤン・G・ラコフスキー。ひそかにプリンキポ島にもちこまれた写真。1932年撮影。

コペンハーゲンへの旅行の途次、マルセーユ付近で（1932年11月21日）

上：左からルドルフ・クレメント、トロツキー、イヴァン・クレポー、ジャンヌ・マルタン、セアラ・ジェイコブズ、著者（右下）。1933年8月、サン＝パレで。
下：サン＝パレの別荘の庭で、ベンノとステラとのひととき（1933年8月）

上：バルビゾンのケール・モニック荘。
下：アンヴェルスでノルウェー船、アルガルヴェ号から下船するエルヴィン・ヴォルフと著者（1936年9月2日）

上：1937年1月9日、タンピコに上陸するトロツキー夫妻。後ろはフリーダ・カーロとメキシコの役人。
下：左から、著者、アルバート・ゴールドマン、トロツキー夫妻、ヤン・フランケル。デューイ委員会の休憩時間に。1937年4月。

ロンドレス通りの「青い家」の中庭に立つトロツキー。1937年1月、メキシコに来て間もない頃。

フリーダ・カーロ（1937年）

トロツキー夫妻。「青い家」の中庭で（1937年）

左から、トロツキー(左下)、ディエゴ・リベラ、ナターリヤ夫人、リーバ・ハンセン、アンドレ・ブルトン、フリーダ・カーロ、著者。1938年6月、メキシコ・シティの郊外へのピクニックで。

左から、ディエゴ・リベラ、フリーダ・カーロ、ナターリヤ夫人、リーバ・ハンセン、アンドレ・ブルトン、トロツキー、不詳のメキシコ人、ヘスス・カーサス（トロツキー警護の警官隊長）、シスト（運転手）、著者。1938年6月、チャプルテペクにて。

上：1939年5月から翌年暗殺されるまでトロツキーの住んだビエナ通りの家。手前は建設中のメキシコ警察の詰所。下：ウサギの世話をするトロツキー（1939年秋）

談笑中のトロツキーとリベラ。「青い家」で。

左から、セーヴァ、マルグリット・ロスメル、ナターリヤ夫人、アルフレッド・ロスメル、手前はトロツキー。1939年8月、タスコにて。

に、いやほとんど毎日のように生じた。ある朝、私たち三人はモンパルナス大通りのカフェのガラス張りのテラスで、小さな丸テーブルを囲んでいた。会話のなかで、ジェラールがふと「ジャンヌ・モリニエ」という名前を口にした。ジェラールにしてみれば他に言い方はなかったのだと思う。ジャンヌの娘時代の「マルタン」という名前は組織の中では使われていなかったのだから。だが、ジェラールがその名前を口にするのを聞くや否や、リョーヴァは出しぬけに立ちあがって、丸テーブルをひっくり返し、「こんな状態では、ぼくは仕事ができない」と叫んで立ち去った。それから何週間も私は彼とジェラールのあいだで仲介者の役目を果さなければならなかった。こういう事態が仕事をいっそう難しくしたことは言うまでもない。

スターリンのスパイ

リョーヴァがパリで過した数年のあいだ、彼と最も親しかった協力者はマルク・ズボロフスキである。この男はかなりの年月を経てのち、ゲ・ペ・ウのスパイであったことが公に暴露された。トロツキーのイスタンブール到着以後、かなりの数のスターリンのスパイがトロツキスト組織の隊列に潜入していた。現地のスパイ、つまり現地で募られ、その活動が一国や一地域の枠を出ないスパイは別にしても、確かなところ六、七名の国際スパイ、つまり国際書記局や「反対派会報」の配布などさまざまな分野の活動に加わっていたスパイが、リョーヴァと一緒に仕事をしたり、トロツキーと文通したり、トロツキーに面会さえしたりしていた。それらのスパイのなかの三人の大物が、ソボレヴィシウス兄弟と、マルク・ズボロフスキである。この三人の活動の有様を描くだけでも優に一冊の本が出来あがるだろう。そしてこの三人のほかにも、果してトロツキスト組織に入りこんだゲ・ペ・ウのスパイなのか、あるいは或る時期に至ってスターリンに屈伏した単なる動揺分子なのか、その辺のところが必ずしも見定めやすくはないような人物がいた。

ヤコブ・フランク、又の名はグレーフは、一九二九年五月二十九日にプリンキポへ来て、約五カ月間、トロツキーの秘書として滞在した。この人物をトロツキーに推挙したライーサ・アードラーは、明らかに善意でそうしたのだった。この女性はウィーンの精神分析学者アルフレート・アードラーの妻である。ロシア出身のライーサ・チモフェーエヴナは、第一次大戦前にウィーン滞在中のトロツキーと知り合ったのだった。トロツキーがトルコに追放されると、彼女は二月十三日付で挨拶の電報を送り、間もなくトロツキーと文通を始めた。フランクはリトアニアのユダヤ人だった。ライーサ・アードラーによってトロツキーに推薦された一九二九年当時、この人物はオーストリア共産党の党員で、一九二七年秋まで経済専門家としてウィーンのソビエト通商代表部に勤めたことがあった。こういう事実を彼は包み隠しなくトロツキーにすべて語り、トロツキーも当時は明らかに、このような経歴は評価するに足るものでこそあれ、疑いをさしはさむ余地はないと思っていたようである。フランクは一九二九年十月末にプリンキポを去った。この人物のプリンキポでの役割は実際にはどんなものであったのか。その頃プリンキポに住みこんでいた、あるいはプリンキポを訪ねた人で、私が知っている人、すなわちリョーヴァ、ジャンヌ、アルフレッドとマルグリットのロスメル夫妻などのなかで、この点について何かはっきりしたことを語った人は一人もいない。一九五八年に私が訊ねたとき、ジャンヌはフランクという人物をよく憶えていた。彼女はフランクにあまり好意を持たなかった。ほら吹きで気取り屋だと思っていたという。しかしもちろんフランクに疑いを抱いたことはなかった。いずれにせよ、トロツキーはフランクを信頼していた。フランクが去ってから三カ月後、一九三〇年一月二十七日、トロツキーは或るチェコのトロツキストに宛ててこう書いている。《同志フランクはプリンキポで数カ月間、私の秘書を務めました。あなたはこの人物を全面的に信用してよろしい》（強調はトロツキー）。一九三〇年にフランクはロシアの経済情勢に関する論文を書き、その論文は「反対派会報」の十一号に掲載された。その後間もなく、彼はスターリン主義に公然と共感を示し始め、反対派から離れた。当時は珍しくもなかった変節者の一人だったのだろうか。そうかもしれない。少なくともトロツキーはそう判断した。しかしまた彼が初めからゲ・ペ・ウに育てられ、操られていたスパイだったというのも、あり得ることである。いくつかの手掛りがこの解釈を支えている。事実、ロシアの隣接地域の出身で、ロシア語を話すユダヤ人のなかから、西ヨーロッパ諸国での活動を受け持つスパイを募るのは、ゲ・ペ・ウではすでに確立されたやり方だった。ソボレヴィシウス兄弟の場合がそれである。ズボロフスキの場合もそれにあてはまる。そしてフランクも正しくその範疇に入るのである。

これだけではない。当時の手紙からも、いくつかの手掛りを発見することができる。一九三〇年一月十三日、レーモン・モリニエはリョーヴァに宛ててこう書いた。《ロマン・ウェルという男〔すなわちルーヴィン・ソボレヴィシウス〕が、フランクと親交があるむね自称し、ドイツにおける「反対派会報」の配布を引き受けようと申し出ています》。この時期にウェルがゲ・ペ・ウに雇われたスパイだったことは、現在すでに判明している。ごらんの通り、このスパイはフランクの名前を持ち出して、リョーヴァの仕事を手伝おうと申し出ているのである。ウェル自身は、ドイツのトロツキスト・グループに深く入りこんだのちに、一九三〇年八月三十日付でトロツキーにこう書いた。《すでにお知らせしました通り、私は同志フランクが〔ドイツのトロツキスト・グループの〕全国委員会に選出されるべきであることを提案しました》。そしてフランクはプリンキポを去ったあと、一九二九年十二月十七日にトロツキー宛にこう書いた。《ライプツィヒのロマン・ウェルには好感が持てます。彼は牛のようによく仕事をします》。こんなふうにお互の推薦がまるで縦横の糸のように織りなされている。

パリのソビエト大使館に勤めていたハーリンという男は、トロツキストに好意を示し、トロツキーとモスクワのトロツキストたちとの間の仲介役を務めたこともあるようである。一九二九年七月頃、トロツキーはプリンキポからこの男に「反対派会報」創刊号の全タイプ原稿を送った。ハーリンはその印刷を引き受けていたのである。ところが彼は原稿をゲ・ペ・ウに渡した。もちろん他に原稿の写しがあったけれども、この一件のせいで「反対派会報」創刊号の発行は遅れたのだった。更に重大なこととしては、トロツキーがロシアから持ち出したさまざまな資料の原本《オリジナル》をも、写真版にして「反対派会報」に載せるために、どうやらこのハーリンに送ったらしいのである。貴重なかずかずの資料は永久に失われてしまった。この件については、リョーヴァ、あるいはレーモン・モリニエが話しているのを聞いたような記憶があり、またトロツキーの一通の手紙もこの件を確認しているように思われる。それは一九三七年七月二十八日付のリョーヴァ宛の手紙である。《〔デューイ〕委員会はレーニンの死後にクループスカヤが私によこした手紙の原本《オリジナル》、または保証付きの写しを欲しがっている。私が記憶している限りでは、このクループスカヤの手紙の原本《オリジナル》は、その他の貴重な資料と一緒に、「反対派会報」発行の仕事の際に失われてしまった（ゲ・ペ・ウのスパイに盗まれたのではないかと思う）》。トロツキーはブルームキンに宛てた手紙の中で、ハーリンは秘密工作員だと明言している。私としては、一九二九年の半ばにスターリンのスパイとして摘発されたヨゼフという男とこのハーリンとは同一人物だったのではないかと思うが、この点は確かではない。

一九三〇年六月十八日、パリのレーモン・モリニエは当時プリンキポにいたリョーヴァに宛てて、次のように書いた。《ビュユッキ・アダでの仕事のためにも、きみの交替要員としても、このオービンのことを真剣に考えてみなければなりません。彼はドイツ語、フランス語に通じ、きみと同じくロシア語を話します。きっと献身的に働いてくれるでしょう。積極的で知的な人間です。彼の細君もタイプを打てます。しかし細君もそちらへぜひ一緒に行きたいというのではなく、彼もそのことを条件にしているわけではありません》。ポール・オークン（あるいはオービン）はウクライナからブリュッセルに亡命したユダヤ人で、トロツキズムへの共感を示していた。この人物のプリンキポ行きは実現しなかったが、間もなく彼は国際書記局の仕事に深くかかわるようになった。レーモン・モリニエが一九三〇年十二月の初めに彼をパリへ呼び寄せたのである。彼はミルという名前を使った。出身地は南部ウクライナであり、私の聞いた話が本当だとすれば、このミルという名前は生れ故郷のミロヴォエ村から思いついたのだという。その村はトロツキーの出生地ヤノーフカの東二百キロほどの所にあった。トロツキーの秘書としてプリンキポに住みこみはしなかったが、オービンは一度レーモン・モリニエに連れられてプリンキポを訪れ、数週間滞在したことがあった。トロツキーが楽しそうにこのミルとロシア語で幼年時代の思い出を語り合ったという話は、私も聞かされたことがある。一九三二年の中頃、オービンはパリのソビエト大使館に掛け合って、ロシアに帰国する許可を取り、親戚のいるハリコフに移り住んだ。これは何者だったのだろう。変節者か、スパイか。

ドイツのトロツキニスト・グループを崩壊させたスパイ兄弟

アブラハムとルーヴィンのソボレヴィシウス兄弟は、トロツキスト組織内ではセーニンとロマン・ウェルという名前で知られていたが、この二人がドイツのトロツキスト組織のライプツィヒ・グループに初めて現れたのは一九二九年のことである。現在判明しているところによれば、その二年前に彼らはゲ・ペ・ウに雇われ、二年間、訓練を受けた。この兄弟はリトアニアのユダヤ人である。一九三〇年四月二十六日付のトロツキー宛のセーニンの手紙に、次のような一節がある。《この手紙をベルリンからお送りすることを不審に思われるかもしれませんが、実は現在私は二週間の休暇を妻と共に当地で過しております。妻はソビエト市民であり、かつまた共産党員で、当地の〔ソビエト〕通商代表部に勤めております。当地の〔共産党〕関係者は彼女が私の妻であることを知らず、そのために辛うじて彼女は職を失うことを免れている次第です》。事実そのもの、そしてまた事実を語る一見無邪気な口ぶりまでも、ヤコブ・フランクの場合と驚くほど共通している。

ソボレヴィシウス二兄弟は国際組織のなかで急速に頭角をあらわした。ウェルがドイツにおける「反対派会報」の配布を引き受けたいと、レーモン・モリニエに申し入れたことについては、すでに述べた。リョーヴァは間もなくロシアやその隣接地域における配布についてまでもウェルに頼るようになったが、これは更に一歩進んだ段階だった。二人の兄弟はドイツのトロツキスト・グループの指導部の仕事に参加し、国際書記局の仕事にも加わった。しかも彼らは分派抗争を利用して自分たちの上昇を容易にするすべを心得ていたのである。トロツキーの周囲に反ナヴィル派の人間が多かったことは、すでに述べた。そこでセーニンとウェルは熱烈な反ナヴィル派だった。一九三〇年十二月二日付のリョーヴァ宛のレーモン・モリニエの手紙。《ロマン・ウェルはナヴィルにたいして猛烈な憎しみを抱いています。ミルも今ではナヴィルをひどく憎んでいます》。

一九三一年八月、ウェルとセーニンは二人揃ってプリンキポへ行き、トロツキーを訪ねた。それ以来、二人はトロツキスト組織の中核に場を占めるようになった。一九三二年暮にトロツキーがコペンハーゲンにいたとき、セーニンはベルリンから逢いに行った。その少し前に、同じセーニンはロシアへ旅行して、当時のロシアの経済状態に関し、きわめて悲観的なニュースをトロツキーにもたらした。今日、セーニンの果した役割は知られているが、彼の具体的な活動内容にはまだ不明の点が多い。ロシアの経済状態は、スターリンが農村の集団化を強行したあと、事実、暗澹たる有様だった。セーニンは、トロツキーが他の目安からしても容易に判断できるような情況について、単にいくつかの細部を報告し、こうして、トロツキスト組織における自分の地位を確保しようとしただけなのかもしれない。あるいは、これはトロツキーを一定の方向に押しやるための、今日の俗語を使うなら「心理作戦」だったのかもしれない。

一九三二年十二月、ドイツのトロツキスト・グループの内部は、意見の不一致やら論争やらが続出という状態だった。ウェルとセーニンは組織の一部分を自分たちの支配下に置くことに成功した。ドイツのトロツキスト・グループの機関紙は「永続革命《ディ・ペルマネンテ・レヴォルツイオン》」といった。一九三三年一月、ウェルとセーニンはこの機関紙の題字や印刷スタイルを真似して、偽の機関紙を一号だけ作った。スターリン主義への復帰を主張するこの偽機関紙は、然るべき解説を添えられて、ドイツ共産党の中央機関紙「赤旗《ディ・ローテ・ファーネ》」に転載された。こんなふうに、ヒトラーの政権掌握の前夜、ドイツのトロツキスト・グループは四分五裂のていたらくだった。それにしても不思議なのは、一九三一年から三二年にかけての過熱した政治的雰囲気のなかで、ドイツのトロツキスト・グループがろくろく活動をしなかったという事実である。一九三四年から三六年にかけて同じように激烈な政治状況に置かれたフランスのトロツキストの場合、活動はこれに比べればずっと活溌だった。ところがドイツでは初めから全くの停滞状態で、ヒトラーの政権掌握の直前はほとんど崩壊状態だったと言える。これにはいろいろな理由が考えられるが、やはりソボレヴィシウス兄弟の陰険な悪巧みがドイツのトロツキスト・グループの麻痺状態を生み出した要因の一つだったのではなかろうか。少なくともトロツキー本人は事態をそのように解釈していた。一九三三年一月五日、トロツキーはレーモン・モリニエ宛にこう書いた。《スローガンや論文や具体的行動の一つ一つに混乱を持ちこんで、ドイツ反対派の活動にブレーキをかけたのはウェルの仕業だ。彼はおよそ厳密に事を運ぶということをしない人間なので、彼と戦うことは非常にむずかしかった》。これは注目すべき人物評である。当時のトロツキーはウェルを職業的なスパイではなく単なる変節者と見なしていただけに、これはいっそう注目すべき発言である。だが、ウェルの仕事ぶりに関するトロツキーの発言は、まさしくこのような状況における職業的スパイの行動様式を指している。つまりトロツキーは正確に批評したが、そこから正当な結論を引き出しはしなかった。一月十四日には、ドイツのトロツキスト・グループの指導部に宛てて次のように書いている。《ドイツの左翼反対派の活動の成果が現実の情況に応えていないとすれば、その原因として、ウェル一派の思想的混乱と実行面での怠慢が及ぼした麻痺的効果を見逃すわけにはいかない》。一九三三年九月二十六日には、当時の分派抗争の相手だったギリシャのトロツキスト、ヴィッテに宛てて、トロツキーはこう書いた。《……ウェルやセーニンのような連中とあなたが提携することは……》。すなわちトロツキーは依然として政治的傾向という面でこの問題を見ていたが、職業的スパイという面での考慮はなかったのである。

その後、ソボレヴィシウス兄弟は暫く姿を消した。だが一九三六年の最初のモスクワ裁判の際、トロツキーは再び彼らに関心を抱く機会を与えられた。この裁判の被告の一人、ヴァレンチン・オルベルクは、数年前、ドイツのトロツキスト・グループの周辺に何度か現れたことがあった。その点について、一九三六年八月二十二日付のリョーヴァ宛の手紙で、トロツキーは次のように書いた。《オルベルク以外にも、被告に不利な証人はすべて、かつて外国で左翼反対派に接触したことのある者、あるいは少なくとも接触しようと試みた者のなかから、ゲ・ペ・ウによって選ばれたのではないかという仮説を、この〔オルベルクの〕例は証明している。それらの連中は当時すでにゲ・ペ・ウに直接操られるスパイであったか、さもなければ左翼反対派内で実績を上げ、しかるのちに左翼反対派にたいする裏切り行為によって頭角をあらわそうとした若い出世主義者たちだったのか……どちらかであろう。こういう分子は大勢いた（例えばパリのミル、ウェルとセーニンの兄弟、グレーフ、その他）》。同じ日に書かれたもう一通の手紙では、トロツキーはリョーヴァにこうも言っている。《われわれにはお馴染みのこの連中、ミル、ウェル、セーニン、グレーフらが、ひょっとして別の名前を用いて告発状に名を連ねていないかどうか、その点を解明する必要がある。もしそうならば、彼らがただの密告者、挑発者であったことははっきりするだろう》。

セーニンは一九三五年頃、少しの間ロシアに滞在し、ゲ・ペ・ウのトロツキスト流刑因にたいする弾圧を手伝った。ウェルはスペイン内戦の初期に、トゥルーズとバルセロナの間を何度も往復したのを目撃されている。この二人について詳しく語るなら一冊の本が出来あがるだろう。

息子リョーヴァに取り入ったスパイ

一九三七年のパリで、事業を放棄せざるを得なくなったレーモン・モリニエは、タクシーの運転手をして働いていた。ある日、かつて見馴れていたウェルが、彼のタクシーのすぐ前にいたタクシーに乗りこむところを見た。ウェルは四、五人の屈強な男たちを引き連れていた。パリの街を走るウェルのタクシーをモリニエは追跡した。そのタクシーはラクルテル通りのリョーヴァの住むアパートの前で止った。ウェルは男たちと一緒に車から下りた。一行がリョーヴァの部屋の近くの部屋に入って行くのを、モリニエは確認した。そこでこのことを知らせようと、すぐリョーヴァの部屋に行った。ドアをあけたのはズボロフスキで、モリニエの話を聞くとこう言った。「その件は任せて下さい、われわれの仕事ですから」。もっともな返答である！

マルク・ズボロフスキについては数多くの情報が公表されているので、ここでは個人的回想をいくつか述べるにとどめよう。ズボロフスキがすでにフランスのトロツキスト・グループの一員に、そしてリョーヴァの協力者になっていることを私が知ったのは、何度かのパリ帰省のいずれかの場合だったと思う。つまり一九三四年から三六年頃までのことだが、初対面の記憶は定かではない。トロツキスト組織内の人間関係には、もちろん個人的な側面があった。心を通わせ合う友人もいれば、ただ一緒に仕事をするだけの人間もいた。私とズボロフスキとの関係は決して打ちとけたものではなかった。彼の顰め面や煮え切らない態度が私は気に入らなかった。しかし特にこの人物を疑ったことはなかった。リョーヴァは彼を信頼し、ほとんど毎日のように顔を合せては一緒に仕事をしたり、共通の母語であるロシア語で語り合ったりしていた。

ズボロフスキはフランスのトロツキスト・グループを通じて、リョーヴァに接近したのだった。彼はトロツキズムに共鳴する学生と自称して、グループに加わった。彼がロシア語を話すことを知って、ジャンヌは彼をリョーヴァに紹介した。ズボロフスキの用いた手管は、ウェルのそれとは全く異なっていた。ウェルは政治指導者として振舞い、グループ内の地位に就き、分派を組織し、陰謀を企みなどして、トロツキスト組織の解体を狙った。トロツキーが一九三二年十二月二十一日付のレーモン・モリニエ宛の手紙で触れたのは、ウェルのこのような生態である。《ウェルには悪賢さと腕力があり、彼は労働者の一部を引きつけるやり方を心得ている。だからこそ事件が表沙汰になるように、わざと自分で自分の正体を暴露しなければならなかった》。フランスの組織の中でのズボロフスキの行動は、これとは全く違っていた。彼はいわばネズミだった。何事においても自分が目立つようなことは決してしなかった。決を取るときはいつも多数派に票を投じた。いるのかいないのか分らないような存在だった。

彼とリョーヴァとの関係の内実はどうだったのだろう。私は一定の距離を置いてしか二人を観察することができなかった。ズボロフスキぬきでリョーヴァに、あるいはリョーヴァぬきでズボロフスキに逢ったことは何度もあるが、二人が一緒にいるところを見たことは一、二度しかない。しかし、何らかの政治的議論を惹き起しそうな、あるいは単にまじめな問題についてまじめに語り合うことになりそうな話題を、ズボロフスキが決してリョーヴァの前で口にしなかったことだけは、はっきりと印象に残っている。彼は世話好きで、リョーヴァに頼まれた仕事はいつも喜んで引き受けるのだった。要するに、この男には人目をひくようなものが何一つなく、ただ影の薄い人物という印象だけがあった。

ウェルとセーニンが正体を暴露されたのは、ヒトラーの権力掌握の前夜だった。それに続く政治的渦巻のなかで、彼ら二人のことはたちまち忘れ去られた。新しいインターナショナルを目指す動きは新たな展望を生み出していた。私たちの目は過去にではなく未来に向けられていた。オービン＝ミルの一件のあと、一九三二年十月十日に、トロツキーは自分とリョーヴァの「誤り」を認めている。ロシア語を話すというだけで、他に何の資格も持たぬ人間に重大な仕事を任せたことは誤りだったというのである。この誤りの認め方は抽象的だった。ウェルとセーニンの場合には、誤りを認めることさえしていない。このときは単に過去に背を向けただけで、一、二年後にはズボロフスキについて同じ間違いを繰返したのだった。ロシア語を話す人間が現れて、組織に入り、間もなく「反対派会報」の送付先のリストをゆだねられ、全面的に信用される、という道筋である。

トロツキーの油断

確かに、トロツキーが私たちに警戒の必要を説いたことは何度もあった。今でも憶えているのは、一九三二年の中頃、私が自分のパスポートをレーモン・モリニエに渡した一件である。モリニエはそのパスポートをベルリンへ持って行き、ドイツから出国する必要が生じたとき使えるようにとリョーヴァに渡した。プリンキポへ行ってから私がこの件をトロツキーに報告すると、彼は怒った。「私が病気になったと仮定してごらん。イスタンブールの病院に入院するだろう。そこで睡眠薬でも呑まされたら、そのパスポートの件を喋ってしまうかもしれないよ」。一九三五年十月十日付の手紙で、トロツキーはリョーヴァにこう書いている。《ゲ・ペ・ウは私の資料を奪うためならどんなことでもやりかねない》。これはミシュレ通りでの盗難事件の予言である。しかしこのような警告もまたことごとく抽象的でしかなかった。すでに述べた通り、トロツキーは誤植に腹を立てたが、自分の本の校正は人に任せっ放しで、他の細かい仕事についても同様に振舞った。ある種の事柄に手を染めるにはあまりにも貴族的だったのである。

ある日トロツキーが話してくれたのだが、レーニンは権力を握った後も、手紙の宛先を自分の手で書いていたという。このような細かい事柄に気を配るやり方は、いつも秘書任せにしてしまうトロツキーのやり方とは明らかに異質である。しかしそれほど用心を重ねていても、レーニンはマリノフスキーに欺かれたのではなかったか。つまり、この種の事柄を解明するために個人的特徴を持ち出す場合は、慎重を期する必要がある。そのことを認めた上で、あえて言うなら、トロツキーという人物には細かい事柄への苛立ちだけではなく、思想面での自負や、知的情熱といったものがあり、ひいては、適当な条件さえ整っているならば、人はトロツキーの思想によって征服されない筈はないという思いこみがあった。一九三八年春のこと、私たちはロシア語のタイプを打てる女性を探していた。リタは結婚するために退職したのだった。とりあえずセアラ・ジェイコブズが来てくれたけれども、永くは滞在できない。そこで方々の国へ求人の手紙を出した。チェコスロヴァキアから返事が来て、若いチェコ女性でロシア語を完璧に話し、ロシア語のタイプを打つ人がいて、メキシコへ来ることも承知だという。一つだけ不吉なのは、この女性が恐らくスターリニストだということだった。私はトロツキーの書斎へ行って、この情報を伝えた。トロツキーは左手で大きく掃くようなしぐさをして言った。「来てもらえばいい！　改宗させるさ！」一九三八年五月十四日付のヤン・フランケル（当時はニューヨークにいた）宛の手紙で、トロツキーはこの女性の件に触れている。《なにしろ相手はまだ十八歳の小娘です。恐るべきゲ・ペ・ウのスパイだなどとは到底考えられない。たとえその娘がスターリン主義に共鳴し、われわれに悪意を抱いた状態でこちらへ来るとしても（そんなことは例外的なことだと思う、世間知らずの小娘に悪魔的な計画を依頼することなど誰にもできはしないのだから）、たとえそんな場合でも、われわれには彼女を監視し、指導し、再教育するだけの自信があります》。一九三八年六月十八日、トロツキーは再びフランケルに手紙を書いた。《もしそのチェコの少女のタイプの腕が確かなら、今すぐにでもこちらへ呼びたく思います。政治的配慮はこの際大した問題ではありません。十八歳の娘がこの家で陰謀を企てることは不可能です。われわれのほうが強いのだから。二、三カ月もすればその娘は完全にこちらに同化するでしょう》(訳註。原文は英語)。自分の思想の力への、なんという確信だろう！　しかし今日までの事実のかずかずを知ってしまった私たちは、この手紙を読んで慄然とせざるを得ない。もう一つ付け加えるなら、十八歳の娘の心理についてのトロツキーの考えは若干浅薄である。ボードレールの洞察は遥かに深かった。

あるとき、ナヴィルがズボロフスキへの疑いを表明すると、トロツキーはこう答えた。「私から協力者を奪うつもりですか！」これは話相手への対応の仕方としてどうも奇妙である。一九二九年にブルームキンがプリンキポを訪れたとき、トロツキーはモスクワの反対派に宛てた自筆の手紙を彼に託した。これは時宜に適った手紙といえるだろうか。

バルビゾン事件のとき、トロツキーはジャーナリズムへの声明のなかで「老陰謀家」と自称した。だが二週間後には陰謀家としての規律に違反している。すでに語った通り、一九三四年四月末、トロツキーはシャモニーのホテルに滞在していた。それはフランス当局との関係が最も険悪になった時期で、フランス政府は彼の運命を決定しようとしていた。トロツキーはそのホテルで反戦闘争に関するテーゼの草稿を書き始め、そのテーゼは国際書記局の名で公表される予定だった。陰謀の名に値する証拠書類というなら、この原稿は正《まさ》しくそれに該当する。ところがトロツキーは一枚の草稿をホテルの部屋の屑籠に投げ捨て、その草稿はたちまち警視庁の私服刑事の手に渡った。アンリ・モリニエはありったけの手腕を発揮して、この一件が大事になるのを喰い止めたのだった。

リョーヴァについて言うなら、彼がロシア人にしか気を許さない人だったことは、すでに述べた。ここでは、父親にたいして、ある種の外交官めいた駆け引きを彼が行ったことを付け加えておかなければならない。つまりリョーヴァは或る事柄は父親に連絡し、他のことについては沈黙を守った。一九三六年十一月六日から七日にかけての夜、パリで、ゲ・ペ・ウはトロツキーの資料の一部を盗み取った。その資料はミシュレ通りの部屋に保管されていたのだった。フランス警察の証言によれば、侵入の手口は一流のプロのそれだったという。もちろんゲ・ペ・ウはズボロフスキを通じて、ミシュレ通りに保管されているものの内容をあらかじめ知っていたのである。盗難事件のあとで、リョーヴァは父親に手紙を書き、盗まれた資料の「大半は」各国語のトロツキズム新聞のコレクションだと報告した。ゲ・ペ・ウがモスクワから呼び寄せたプロの泥棒の一団を使って、あらかじめそこに何が保管されているかを知っていたにもかかわらず、ただの新聞類を盗み出させたとは、とても信じられない。

何はともあれ、いまだに不思議なのは、リョーヴァがズボロフスキにたいして全く盲目だったことである。彼はこの男と何年もの間ほとんど毎日のように逢っていた。二人の間には言語の障壁はなかった。控え目に言うとしても、ズボロフスキの体質は明らかに革命的ではなかった。何らかの意味で人の目をひく思想の持ちあわせもなく、この男はただリョーヴァにへばりついていたのだった。

以上が、トロツキズム運動におけるスターリンのスパイという問題に関して、私が提供できる情報であり、加えることのできる論評である。もちろん、これは問題を余す所なく解明したというようなものではない。

一九三六年十二月、トロツキーの処遇に関するノルウェー政府のもくろみについて、リョーヴァと私の所には混乱した情報が遅ればせに入ってくるだけだった。今、古いパスポートを出して見ると、使用されなかったドイツの通過《トランシット》ビザが十二月二十二日付で捺された跡が残っている。これはたぶんリョーヴァから、すぐノルウェーへ行ってオスロでトロツキーに逢い、メキシコまで同行するようにと頼まれて、二十二日の何日か前にビザを申請したのだと思う。そのうちに、トロツキーとナターリヤは十二月十九日以降すでに海上にいるという知らせが入った。事態が明らかになった直後、私はリョーヴァに頼まれて、メキシコ行きの支度を始めた。パリのメキシコ領事館の役人たちは、すでにカルデナス大統領自らの発意にもとづく指令を受けていたので非常に親切であり、メキシコ入国に必要な書類を直ちに交付してくれた。私はこの国のことをよく知らなかった。今でも憶えているが、出発の前夜、サント＝ジュヌヴィエーヴ図書館へ行って、私は古い百科事典の「メキシコ」の項目を読んだのだった。

第4章

ココアカン

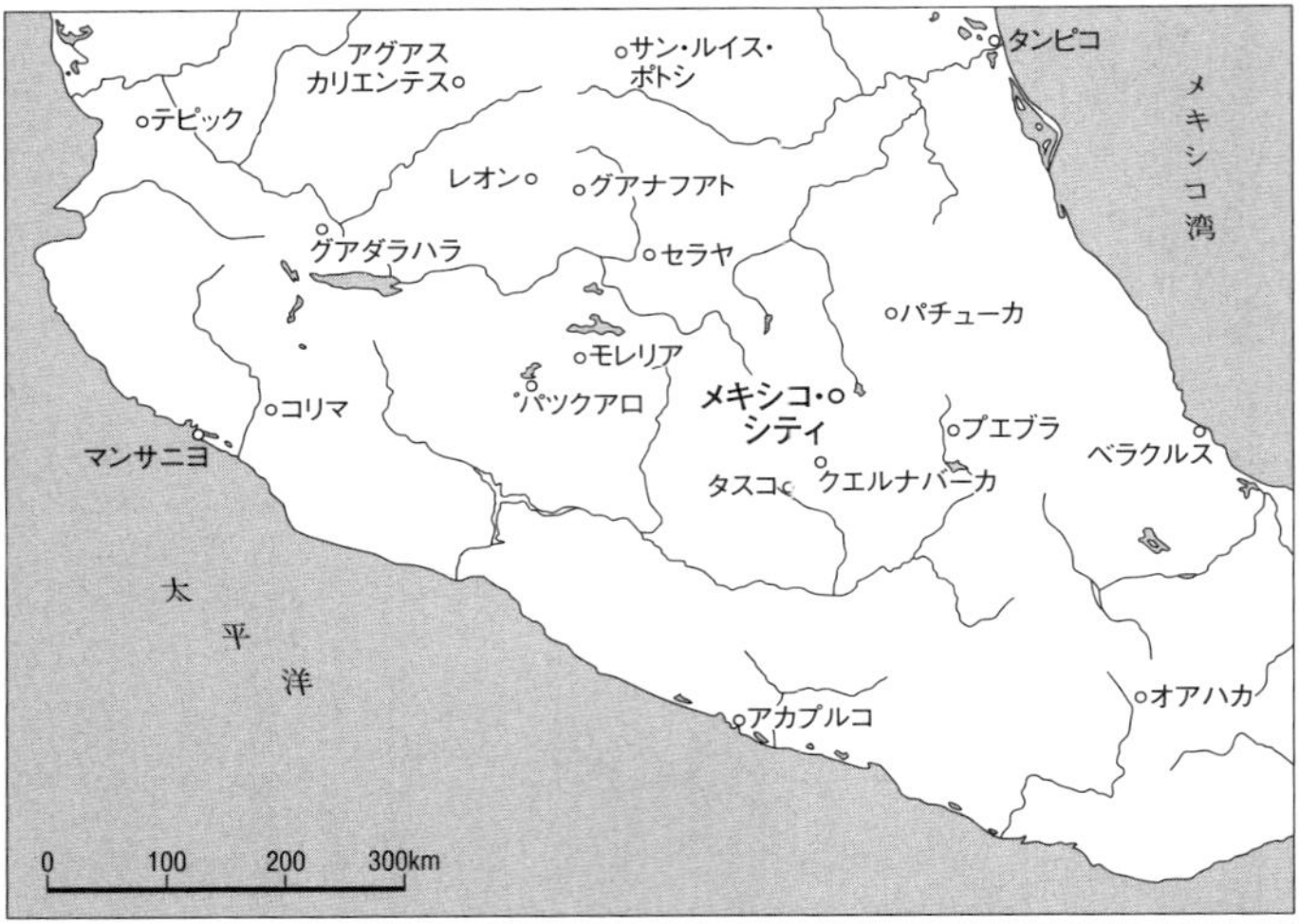
アグアス
カリエンテス
サン・ルイス・
ポトシ
タンピコ
メキシコ湾
テピック
レオン
グアナフアト
グアダラハラ
セラヤ
パチューカ
モレリア
パツクアロ
メキシコ・シティ
コリマ
プエブラ
マンサニヨ
ベラクルス
タスコ
クエルナバーカ
太平洋
オアハカ
アカプルコ
0 100 200 300km

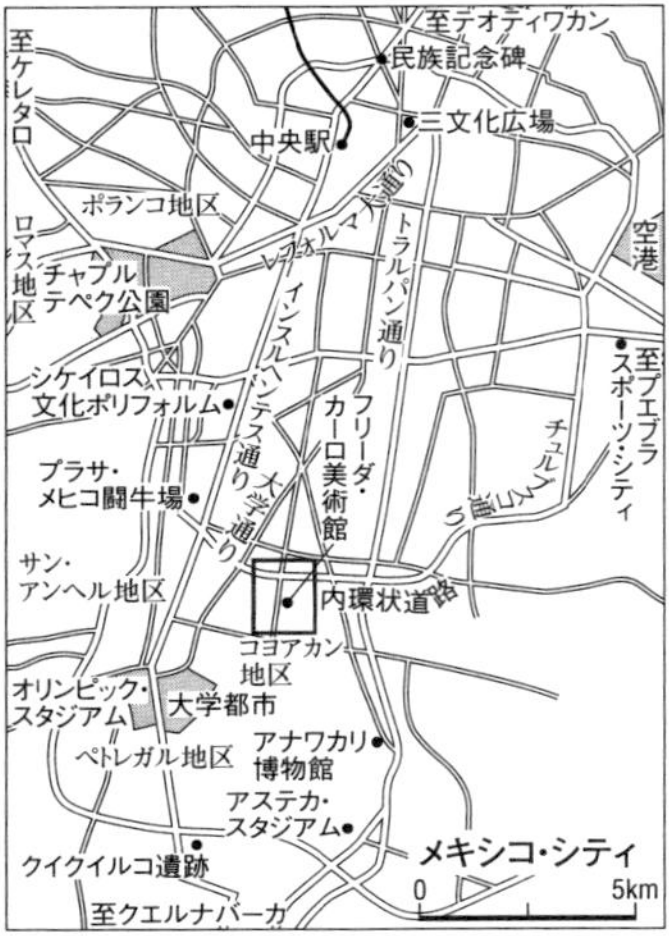
至テオティワカン
民族記念碑
至ケレタロ
三文化広場
中央駅
ポランコ地区
レフォルマ大通り
トラルパン通り
空港
ロマス地区
チャプルテペク公園
インスルヘンテス通り
至プエブラ
シケイロス
文化ポリフォルム
フリーダ・カーロ美術館
スポーツ・シティ
プラサ・
メヒコ闘牛場
大学通り
サン・
アンヘル地区
内環状道路
コヨアカン
地区
オリンピック・
スタジアム
大学都市
ペドレガル地区
アナワカリ
博物館
アステカ・
スタジアム
メキシコ・シティ
クイクイルコ遺跡
0 5km
至クエルナバーカ

コヨアカン付近
0 400 800m
内環状道路
トロツキー博物館
（「ビエナ通りの家」）
ブルセラス通り
マドリード通り
ビエナ通り
フリーダ・カーロ
美術館（「青い家」）
ビベロ・デ・
コヨアカン（緑地）
ベルリン通り
ロンドレス通り
カルメン
地区
モレロス通り
パリス通り
アジェンデ通り
センテナリオ通り
コヨアカン
地区
コヨアカン
教区教会
エルナン・
コルテスの家

メキシコ高官とのつながり

一九三六年十二月二十八日、私はシェルブールの港で、ニューヨーク行きの「エンプレス・オヴ・オーストレイリア」号に乗船した。冬なので大きな客船はたいそう空いていた。何カ月かのヨーロッパ滞在を終えて帰国するアメリカの学生たちの一団がいた。私は生れて初めてアメリカの若者と接触し、彼らの生命力と率直さを感じさせられた。

ニューヨークで数日を過し、その間にアメリカのトロツキストたちと出逢った。ジェイムズ・バーナムの家で蠟燭をともした夕食会に出て、少々驚いたのを今でも憶えている。私を泊めてくれたのはハロルド・アイザックスだった。吹雪の日、ニューアークの飛行場でメキシコ行きの飛行機に乗った。飛行機はメンフィスから先には飛ばなかった。合衆国の南西部全体が猛吹雪に見舞われていたので、私はやむなく、凍りついたような平原を汽車で横切った。ようようラレードに着き、そこでメキシコ行きの飛行機に乗った。メキシコ・シティに着陸したのは一月十一日の昼頃だった。空港からタクシーでコヨアカンへ行き、警官たちに守られたロンドレス通りの青い家で、一時間前にタンピコから到着したばかりのトロツキーとナターリヤに再会した。私はパリの最近の様子を詳しく伝えた。

ノルウェーという檻から脱け出して、トロツキーは元気一杯だった。この初めての国で、耳馴れぬことばに取り囲まれて、できるだけ早く秘書の仕事を建て直さなければならない。私はリタ・ヤコヴレヴナという非常に有能なロシア人タイピストを見つけ出し、この女性は一月十六日から仕事を始めた。

　折から第二次モスクワ裁判が進行中で、ラデック、ピャタコフ、ムラロフ、ソコーリニコフ、その他十数名が裁かれていた。毎日のようにモスクワから捏造された告訴内容の詳細を伝える至急報が入り、そのたびにトロツキーは捏造のメカニズムを発《あば》く文章を書いた。その文章を直ちに英語とスペイン語に翻訳し、各国の報道機関やメキシコの新聞社に配布しなければならない。私は毎夕、日課のように、メキシコの各日刊紙の編集局にトロツキーの文章を配って歩いた。

　モスクワ裁判の偽りの告訴条項の一つとして、ピャタコフが一九三五年十二月、飛行機でノルウェーへ行き、トロツキーと会見したということがあった。調べてみると、その日オスロの空港は悪天候のために閉鎖されていたという事実が判明した。一月二十九日、トロツキーは私に言った。「烏《からす》一羽が雪崩のきっかけになるように、ピャタコフの飛行機の一件はスターリンの没落の始まりになるかもしれないね」。そして三十一日、ピャタコフの処刑の知らせを聞いて言った。「これはスターリンの命取りになるだろう」。きわめて甘い見通しだったと言わざるを得ない。同じ一月三十一日にこう言ったときにも、トロツキーはスターリンのことを考えていたのだろう。「策略というやつは知性の低次元の現れだ」。

コヨアカンのロンドレス通りの青い家をトロツキーに提供したのは、ディエゴ・リベラである。リベラ自身は当時、三、四キロ離れたサン゠アンヘルで、妻のフリーダ・カーロと暮していた。この夫婦はどちらもトロツキーにたいそう親切だった。私たちはメキシコのトロツキスト・グループの積極分子と知り合った。それは若い学校教師や若い労働者たちで、この人たちは程なく二、三人ずつ夕方やって来て、夜間の警備に立ってくれるようになり、おかげで私は昼間の仕事を終えたあと休憩できるようになった。メキシコの高官、アントニオ・イダルゴは、政府との繋がりを確保してくれたのみならず、間もなく私的にも友人になった。これはメキシコ革命戦に参加した、性格のまっすぐな、非常にしっかりした人で、トロツキーとナターリヤにたいそう好かれた。私も行政当局との関係で何か面倒な問題が起るたびに、いつもイダルゴの事務所へ駆けこみ、彼はその都度、助け船を出してくれた。

二月上旬、私たちはイダルゴと連れ立って、クエルナバーカ近郊のボホルケスの別荘で二、三日を過した。ボホルケスもまた高官で、イダルゴの友人だが、私たちとの関係はずっと疎遠だった。トロツキーとボホルケスは丁重に挨拶し合う仲だったが、それ以上の付き合いはなかった。すぐ近くに牧場を持っていたムーヒカの所へ一日遊びに行ったのは、このボホルケスの別荘に滞在していたときのことである。ムーヒカは運輸相、兼、公共事業相で、カルデナス大統領の親友であり、側近の一人でもあった。トロツキーが国家元首のカルデナスと逢うことは差し障りがあったから、ムーヒカとの会見はいわばその代りだったのだろう。これはきわめて知的な人物だった。秀でた額や、生き生きとした目の表情など、外見もトロツキーにいくらか似ていたが、ひょっとすると意識的に似ようと努力していたのかもしれない。会話は友好的で大いに盛りあがった。メキシコの話、特に社会経済問題が話題になったが、具体的な政治の話は出なかった。

モスクワ裁判のための調査委員会

アメリカのトロツキストたちが計画して、二月十六日に、ニューヨークの「ヒポドローム」という大きなホールで集会が開かれた。トロツキーはメキシコから電話を通じて、ロシア語と英語で話をする予定だった。夕方近く、トロツキーとナターリヤと私はメキシコの電話会社の建物の中の小部屋に入った。部屋の中央にはマイクロホンが置いてあり、一人の技術者がトロツキーに話し方の指示を与えた。それから数時間、私たちはその小部屋で頑張ったが、電話はニューヨークと繋がった途端に切れてしまうことが何度か繰返され、とうとう諦めざるを得なかった。その頃、私はまだメキシコの生活環境をよく知らなかったのだが、それ以後に身につけた経験をもしそのとき持ちあわせていたならば、きっと何らかの解決策を見つけただろうにと思う。ニューヨークでは、用心のために数日前に送っておいたトロツキーの英語の講演原稿を、マックス・シャクトマンがポケットから取り出して、それを聴衆にむかって朗読したという。確かに、一九三七年当時の国際電話は質的にも確実性の点でも、今日よりは遥かに貧弱だった。しかし私たちは何と言おうと電話局にいて、何人もの技術者に囲まれていたのである。ロシアのスパイ、あるいはアメリカ当局がこのときどこかで通話を妨害したことは、ほとんど間違いない事実だと今の私は思う。

二月十九日、チェコスロヴァキアから、ヤン・フランケルが到着した。アメリカのトロツキスト・グループの一員であるバーナード・ウルフが、コヨアカンの家に住みこんで、英語の文通を一手に引き受けた。秘書陣がこれだけ充実したのは久しぶりのことだった。トロツキーは大いに仕事をした。

同じ二月に、ウォルドー・フランクというアメリカの作家がメキシコを訪れた。この人物は合衆国やラテンアメリカのスターリニストたちと個人的な付き合いがあったが、モスクワ裁判のニュースに当惑し、一、二度トロツキーに逢いに来た。会話はにぎやかだったが、特にこれといった結論は出なかった。このフランクに、ジョン・デューイはニューヨークから連絡してきて、委員たちがメキシコ入りするまでメキシコにとどまり、調査委員会の仕事に加わってくれないかと頼んだ。フランクは口実を設けて逃げ出した。彼はたいそう虚栄心の強い人物だった。初めにインタビューを申しこまれたとき、トロツキーはそれを受けるべきか否か決めかねて、私にメキシコ・シティでフランクと逢い、先方の腹を探ってみてくれと頼んだ。彼のホテルのロビーで、私はフランクと逢った。私がフランス人だと分ると、彼は自己紹介のつもりなのか、いきなりこう言った。「お分りでしょうか、私はいうなればアメリカのアンドレ・ジードです」。

一月以来、トロツキーはモスクワ裁判で彼自身と息子に浴びせられた非難について検討するための、国際的な調査委員会の設置を求めていた。この計画は、アメリカの哲学者ジョン・デューイがこの委員会に参加するばかりか議長になることさえ受諾したので、大幅に具体化へむかって前進した。六名のアメリカ人の他には、フランス人一名（アルフレッド・ロスメル）、ドイツ人二名（オットー・リューレとヴェンデリン・トーマス）、イタリア人一名（カルロ・トレスカ）、メキシコ人一名（フランシスコ・サモラ）が委員会を構成した。シュザンヌ・ラフォレットは委員会の書記としてきわめて積極的かつ勤勉だった。

トロツキーの証言を聞き、トロツキーに質問するために、小委員会がメキシコへやって来た。この小委員会の審問会は四月十日から十七日まで、ロンドレス通りの家の、特にこの催しのために模様変えされた広間で行われた。ジャーナリストや傍聴者の席が四十ほど設けられ、従って警備の問題も並大抵のことではなかった。

小委員会の審問会は、トロツキーの周囲の人間にとっては、朝から晩まで仕事に追われる忙しい毎日を意味した。アルマ＝アタやプリンキポを経てメキシコまで持ち運ばれた書類綴りは、モスクワ出発以来ここで初めて開かれた。それらの書類のところどころに散在する有用な資料を探すために、厖大な書類の全体に目を通さなければならない。モスクワ裁判の虚偽を証明できるような何十人もの供述を、全世界から集めなければならない。そのような供述をしてくれる人物は往々にして昔からのトロツキーの敵であり、あるいはその後トロツキーの敵になっていたから、供述集めはいっそう困難だった。集まった証言は一々翻訳し、一般人にも分るように、特に委員会のメンバーに分るように註釈を付けなければならない。細かい無数の事実を解明し、説明し、整理しなければならない。こういう一連の作業において多少の改変や、隠匿や、バランスの修正が全くなかったと言えば、それは嘘になるだろう。

熱に浮かされたような作業がコヨアカンの家で数週間つづいた。毎朝、居住者全員はトロツキーの書斎に集まり、仕事の分担を確認し合った。トロツキーの内部にロシア革命当時の組織者が蘇ったことが、はっきりと感じられた。

委員会のメンバーや、アメリカからメキシコへ訪ねて来たかなりの数のトロツキストたちとの連絡や交渉は、ヤン・フランケルが一手に引き受けていた。従って、フランケルはメキシコ・シティの中心部へ出掛ける時間が多かった。ある日、トロツキーは資料を受け取りにフランケルの部屋へ行った。その資料はまだ整理がすんでいなかった。トロツキーはドアをばたんと閉めて自分の書斎に戻った。それは五、六枚の板ガラスをはめこんだドアで、ガラスをとめているパテはメキシコの雨に侵されて、とうにぼろぼろになっていた。トロツキーがばたんと閉めた衝撃で板ガラスは一枚また一枚と墜落し、ガラスの砕ける派手な音が家中に響きわたった。

仕事は終りに近づき、審問会の休憩時間に、トロツキーとデューイは連れ立って中《パテ》庭《イオ》に出た。「もしマルクス主義者がみなあなたのような人間なら、トロツキーさん、私はマルクス主義者になるでしょう」とデューイが言った。するとトロツキーは答えた。「もし自由主義者がみなあなたのような人間なら、デューイさん、私は自由主義者になるでしょうよ」。これは驚くほどすばやいやりとりだったが、いくぶんか外交的駆け引きが含まれていたことは否定できない。この頃、トロツキーはデューイの精神力や性格の強さに敬意を抱いていた。だが数カ月後、デューイが調査委員会の結論をラジオで放送し、その際、ボリシェヴィズムを批判する私的感想を付け加えたのを聴いて、トロツキーは激怒したのだった。

トロツキーとフリーダ・カーロの恋愛事件

この家の浴室には、浴槽の上に一枚の油絵がかかっていた。たぶんフリーダが家中の模様変えをしたときに掛けたのだろう。それは十九世紀スペインの裸婦で、全体は黒ずんだニスの厚い層に覆われ、およそ裸婦らしくない裸婦だった。委員会の会期中、委員やジャーナリストたち全員はこの浴室を使わなければならない。開会の前夜、トロツキーに言いつけられて、ナターリヤはこの絵を取り外した。審問会が終ると、絵は再び掛けられた。この小事件は何を意味するのか。ジャーナリストにたいする極端な不信、そしてどんな些細なことであれ付け込まれる隙を見せたくないという気持であろう。この場合、トロツキーのやり方は少々神経質すぎた。アメリカの新聞記者が、たとえ悪意を抱いていようと、この朦朧たる絵一枚から何らかの話をでっちあげることなど、とうてい想像できない。

フリーダはその美しさと、気性と、知性によって人目をひく女性だった。彼女はトロツキーにたいして、間もなくかなり奔放に振舞うようになった。彼女のフランス語は貧弱だったが、ディエゴの壁画の仕事で合衆国にかなり永いこと滞在したので、英語は上手だった。従ってトロツキーと彼女はしばしば英語で話し、英語を全く知らないナターリヤは会話から閉め出されたかたちになった。フリーダは多少アメリカ風に「All loveということばを躊躇なく口走った。例えば別れ際にトロツキーにむかって「All my love」などと言うのだった。明らかにこの戯れに巻きこまれたトロツキーは、ときどき彼女に手紙を書くようになった。その手紙を本のページの間に挟み、ナターリヤあるいはディエゴを含む第三者の目の前で、その本をフリーダに渡し、面白い本だから読んでごらんなどと言った。もちろん私はそのときはこんなゲームのことなぞ全然知らず、あとでフリーダからこの一件を聞かされたのである。

これはデューイ委員会の審問会のあと数週間経った頃から始まったのだった。六月末には、トロツキーの周辺の人間がみな不安を感じるまでに事態は進んでいた。ナターリヤは苦しんでいた。ディエゴだけは事態に全然気づいていなかった。彼は病的に嫉妬深い男で、もしほんの少しでも疑いを抱いたら修羅場が演じられかねない。これがスキャンダルとして世間に知れれば、政治的な影響も甚だしいだろう。私の記憶に誤りがなければ、ヤン・フランケルがこの事態の危険性についてトロツキーを諫《いさ》めたのだったと思う。

七月の初め、夫婦間の緊張を克服するための手段として、トロツキーとナターリヤは少しのあいだ別居することになった。アントニオ・イダルゴとディエゴ・リベラの知人の、ランデーロという地主の所有する農園《アシエンダ》に、トロツキーは身を寄せた。農園《アシエンダ》はメキシコ・シティから北東へ百三十キロほど、パチューカ市の少し先のサン=ミゲル=レーグラという町の近くにあった。ロンドレス通りに常駐していた警官隊の指揮官ヘスス・カーサスと、ディエゴ・リベラに使われていた二人の運転手の一人、シストとが、トロツキーと一緒に新しい住居に滞在した。そこでは釣や乗馬を楽しむことができた。トロツキーがそこに到着したのは七月七日のことである。ナターリヤはコヨアカンの家に残った。

七月十一日、フリーダがトロツキーに逢いに農園《アシエンダ》へ行った。私の推測では、この訪問の結果として、トロツキーとフリーダは恋愛関係に終止符を打つ決心をしたのである。それまでの二人は恋の戯れという名の滑らかな坂を滑り落ちるに任せていたのだった。それ以上は、お互に徹底的にかかわることなしには一歩も先へ進めない。これはあまりにも危険な賭である。二人は尻込みした。フリーダは依然としてディエゴに愛着を感じていたし、トロツキーもナターリヤにたいして同様である。それにスキャンダルはとんでもない所まで波及しないとも限らない。

フリーダが農園《アシエンダ》を訪ねたことを知ったナターリヤは、釈明を求める手紙をトロツキーに出した。フリーダと切れることは自分の義務であると考え、それを実行したばかりのトロツキーは、ナターリヤに宛てた返事で、そのような疑問は《愚かしく、嘆かわしく、きわめて利己的なもの》であると書いた。しかしまたトロツキーはナターリヤを《私の犠牲者》と呼び、自分は今《憐れみと後悔と……そして苦悩の》涙を流しているとも明言している。

三週間の別居期間中にトロツキーとナターリヤがやりとりした十数通の手紙は、現在まで保存されている。フリーダと手を切ったあと、トロツキーはナターリヤにたいしてやさしい気持が涌き起るのを感じ、そのときに書かれた手紙は彼の愛着を裏付けている。にもかかわらず、ちょうど対位法のように、間もなくもっと暗いモチーフが現れる。《苦悩》ということばはそのモチーフを指している。よくある心理的メカニズムで、トロツキーは彼女にたいする自分の罪悪感を和らげるために、ナターリヤの不貞と称するものを非難し始めるのである。それは攻撃は最大の防禦なりということだったのかもしれない。モチーフはためらいがちに聞え始める。《自分自身にたいする恥かしさと憎しみをこめて、こんなことを書くのだが……》。そしてモチーフの響きが強まる。ボリシェヴィキ政権の最初期、つまり二十年以上も前にナターリヤが教育人民委員会に勤めていたとき、助手だった青年と彼女との関係について、トロツキーはナターリヤを問い詰める。その助手はナターリヤに惚れていたが、ナターリヤは彼の口説きには決して応えなかったのだった。ところで最大の感情の爆発は手紙ではなく、電話を通じて発生した。七月二十一日の朝、トロツキーはパチューカの町からナターリヤに電話をかけて、嫉妬のことばを投げつけた。接続のよくないメキシコの電話にむかってロシア語でわめき散らし、二十年以上も昔の、ありもしなかったナターリヤの不貞を責めるトロツキー！　ナターリヤは胸塞がる思いだった。《愛するレフは私を信じていない。私への信頼を失ったのだ……これはあなたの誇りのなせる業なのでしょう》。電話のあと、トロツキーは気持が和らいだ。《私の精神は落着きを取り戻したようだ。いずれにせよ、再会の日まで私は待つことができる》。

この嫉妬の発作は、しかしながら、明らかにこのとき限りの事件ではなかった。トロツキー自身が手紙のなかで《ぶりかえし》ということばを使い、自分の《苦悩》を周期的に再発する熱病のようなものと見なしている。トロツキーとナターリヤが一九〇三年にパリで初めて出逢ったとき、ナターリヤには恋人がいて、その恋人と別れる際、いくぶんのためらいがあったという。トロツキーの死後、ナターリヤは女友達に打ち明けている。「そのことで彼は私を絶対に許そうとしなかった。いつもその話の蒸し返しばかり」。

一九三七年七月の数週間のあいだに、ナターリヤのほうも一度だけ、強烈な打撃をトロツキーに加えた。七月十八日に、彼女はトロツキーにこう書いた。《人はみんな心の底ではひどく孤独なのですね》。これはナターリヤ自身も認めているように、特にどうということのない平凡なことばである。だがトロツキーはこのことばに全身をゆすぶられた。《これは私には心臓をナイフで一突きされたようだった》。トロツキーの反応には二つの理由が考えられる。その一つは、この文句がナターリヤの孤独感をありありと表現していたこと。もう一つは、これがトロツキーには共産主義的人間という概念への攻撃と受け取られたことである。

苦悩の渦中に書かれたこれらの手紙には、性的欲望の生起も認められる。七月十九日付の手紙で、トロツキーは（ロシアの俗語を使って）自分のペニスの状態をナターリヤに報告し、最も下品なことばで性的快楽の技巧について述べ、彼女とともにその快楽に耽ることを夢想している。

七月二十六日あるいは二十七日に、トロツキーはコヨアカンへ帰った。私は七月十七日、虫垂切除のためにメキシコ・シティのフランス系の病院に入院した。従って、トロツキーが帰って来たとき、私はロンドレス通りの家にはいなかった。あるいは、いたとしても寝ていたのだと思う。

コヨアカンの家での生活の流れは元に戻った。第三者の目には、トロツキー、ナターリヤ、ディエゴ、フリーダ、この四人の間の関係にはごく微妙な変化しか見えなかった。トロツキーとフリーダの間には一定の距離が生れた。loveということばはもう聞かれなかった。一番明瞭な変化は、フリーダにたいするナターリヤの態度に現れた。つまり彼女は冷淡であるかと思えば、とつぜん心情の吐露に走ったりした。トロツキーはフリーダに、自分が書いた手紙を返してくれと言った。「ゲ・ペ・ウの手に渡る危険がある」。フリーダは手紙を一まとめにして返し、トロツキーはそれをどうやら焼却したらしい。同じ頃、フリーダが私に事情の一部を話してくれたのである。

フリーダとの恋のアバンチュールは、トロツキーがロシアを出て以来、この種のアバンチュールとして初めてのものだったことは確かである。トルコや、フランスや、ノルウェーでは、情況の厳しさがこの種の事柄を許さなかった。フリーダとのことが終って間もなく、トロツキーはちょっと色合いの異なる恋愛関係を、もう一人の若い女性と結ぼうと企てた。この件については少し先で語ることにしよう。私がメキシコで見聞きしたこと、そしてまたフリーダやもう一人の若い女性にたいするトロツキーの振舞いや、それらの企てにおける彼の大胆さというか一種のゆとりのようなものから察するに、トロツキーの生涯にわたって何度かのアバンチュールがあったことは間違いないようである。一九二〇年にクレア・シェリダンがクレムリンの事務室でトロツキーの頭像を作ったときも、トロツキーと彼女との会話、あるいは彼女にたいするトロツキーの態度そのものには、恋の戯れという要素が含まれていた。

噂によれば（但し噂の出どころはトロツキーと直接付き合いのなかった人間だが）十月蜂起当時ですら、トロツキーは若いブロンドのイギリス女性と関係があったという。しかしこの風聞について正確なことは未だに何一つ分っていない。

トロツキーの元で働く人々

バーナード・ウルフは八月に合衆国へ帰った。九月末にアメリカから、ジョゼフ・

ハンセンという新人がやって来た。彼が到着した翌日、あるいは到着の当日だったかもしれない、私たちはメキシコ・シティの郊外のフェルナンデス家を訪問しなければならなかった。このメキシコ人の一家は、三人の息子がメキシコのトロツキスト・グループのメンバーで、家族全体がトロツキーとナターリヤに非常な好意を抱いていた。トロツキーも好んでこの家を訪問した。そんなわけで、私たちは車で出発した。ジョウ（訳註。ジョゼフ・ハンセン）が運転し、私は助手席に坐り、トロツキーとナターリヤはうしろに坐った。もちろんジョウはメキシコ・シティの地理をまだ知らないので、私が道順を教え、交差点のたびに「左《レフト》」「右《ライト》」「まっすぐ《ストレイト・アヘッド》」などと指示した。この訪問の次の日、何かの理由で、私たちはもう一度フェルナンデス家へ行くことになった。二日つづけて同じ家を訪問するのはちょっと異常だが、ともかく実際そういうことになってしまったのである。道のりはかなり長く、道順は複雑だったから、ジョウがそれを全部憶えていることなど考えられない。そこで前日と同じように、私がもう一度「左《レフト》」「右《ライト》」「まっすぐ《ストレイト・アヘッド》」などと指示した。ココアカンへ帰って来ると、トロツキーは私を書斎に呼んだ。「どうだろう、ジョウはアメリカへ帰ったほうがよくはないかな」。私はびっくりした。「物覚えが悪い男じゃないか！」とトロツキーは叫んだ。私はジョウを弁護し、いろいろと事情を説明した。トロツキーは納得できないような顔つきで言った。「まあ今に分るだろうが」。ところが実際には、ジョウはやがて、ココアカンへ来たアメリカ人秘書たちのなかで最もトロツキーと調子が合い、トロツキーに最も高く評価される存在になったのである。

　十月の終り頃、ヤン・フランケルは合衆国で生活するためにコヨアカンを発った。十一月の初め、ギャビーが息子を連れてフランスから来た。フランスでは、すでに述べたように、彼女はモリニエのグループの一員だった。メキシコに来ることが決ったとき、政治活動に一切かかわらないという条件を彼女は受け入れたのだった。バルビゾンの家には何カ月か滞在した経験もあり、ギャビーはコヨアカンに落着くと直ちにナターリヤの家事を手伝い始めた。

　到着してから数週間後の或る日、ギャビーはナターリヤと、メキシコ人の若い女中と一緒に、台所で昼食の支度をしていた。その頃のナターリヤはまだスペイン語が下手で、単語をいくつか知っている程度だった。使用人にはもっぱら切れ切れのことばと身振りとで意志を伝えた。従って、何かを見ろと言う代りに、女中の腕を摑んで引っ張るようなことはたびたびあった。この日、台所で、ギャビーは何らかの理由からナターリヤがメキシコ人の若い娘を虐待していると思い、ナターリヤに面と向ってそう言った。ベルヴィル育ちのギャビーには歯に衣《きぬ》きせずにものを言うところがあり、しかもモリニエのグループに属していた彼女にはトロツキー夫妻への若干の敵意もあって、それが突然表面に出たのかもしれない。要するに二人の人間が一つの台所にいる場合しばしば起ることが、ここでも起ったのである。二人の女性の声が高くなった。ちょうどそのとき、書斎から浴室へ行こうとしたトロツキーが、台所の前を通りかかった。諍いの声を聞き、台所に入って、現場を見たトロツキーは、いきなりどなった。「警察を呼ぶぞ！」もちろんそんなことはしなかったが、まことに無惨なことばを口走った事実はもはや取り消せない。

その日、少しあとで、私が一人で書類の整理をしていると、トロツキーが入って来て、間がわるそうに、ほとんど恥じ入った様子で私に言った。「さっきは失言だった」。当惑しているトロツキーを見たのは、あとにも先にもこのときだけである。いずれにしろ、ギャビーは永いこと滞在できなかった。息子を連れて、ニューヨーク経由でフランスへ帰った。

襲撃に備えて

一九三七年十一月十二日、トロツキーは次のような電文を私に発信させた。

パリ、ショータン首相宛

イグナツ・レイス殺害、小生ノ資料ノ盗難事件、ソノ他一連ノ犯罪ニ関シ、下院副議長ジャック・デュクロヲ少ナクトモ証人トシテ訊問スル必要アリト愚考ス、カレハ

トロツキー
古クカラノゲ・ペ・ウノスパイデアル。

「古クカラノ」ということばは、トロツキーがまだソビエト政権の一員であった頃から、デュクロはゲ・ペ・ウに属していると知っていたことを意味する。つまり、これは国家機密の漏洩である。電報はトロツキストたちの間に若干の動揺をまき起した。特にリョーヴァは、父親がこんな電報を打ったことは誤りだと思っていたようである。

ナヴィルは一九三七年中に何度もパリから手紙をよこし、アンドレ・ジードのメキシコ訪問の意向を伝えてきた。しかしそのたびに訪問は延期された。十一月になって、ジードの意向は具体化するように見えた。トロツキーは一時期ためらいを捨てて、メキシコの魅力を書きつらねた手紙をジードに送ることを考えた。だが、そのような手紙が勢力拡張の試みとジードに見なされることを恐れて、結局はその考えを放棄した。代りにもっと間接的な方法として、《親愛なる先生《シエール・メートル》》で始まる手紙の下書きを起草し、ジードの訪問をそそるようなさまざまな事柄を詳しく列挙した。この手紙には、ディエゴ・リベラ、サルバドール・ノボ、カルロス・ペリセールなど、メキシコの大勢の芸術家や作家たちが署名する予定だった。この手紙が実際に発送されたかどうかは記憶にない。発送されたとしても、これは何の役にも立たなかった。間もなく私たちは知ったのだが、ジードは突然計画を変更し、アフリカへ出掛けてしまったのである。

ロンドレス通りの家には一つの中庭《パティオ》と、二つの庭園と、いくつかの別棟があり、全体はきっちりした長方形をかたちづくっていた。この長方形の向い合った二つの辺は、平行して走る二つの通り、ロンドレス通りとベルリン通りにそれぞれ面していた。第三の辺は、この二つの通りと垂直に交わるアジェンデ通りに面していた。三つの通りを見下ろす窓は一つ残らず閉め切られ、メキシコ独特の日干し煉瓦で塞がれていた。第四の辺は隣家の地所との境界である。ここには端から端までかなり高い塀が立っていたが、これはかえって不都合な点でもあった。つまり私たちには塀の向う側で起ることが一切見えないし、しかもこの塀はトロツキーとナターリヤの寝室に近い位置にあった。これはディエゴ・リベラと私には絶え間ない不安のたねであり、私たちはよくこの点を話し合ったものである。

トロツキーの不安は別の方角に向けられていた。一九三七年の終り頃、メキシコのスターリニストたちがトロツキーに投げつける悪口と脅迫のキャンペーンは、一段と毒々しさを加えていた。トロツキーが予想したのは、数百人の襲撃者が表側から、つまりロンドレス通りとアジェンデ通りの角から、この家を襲うのではないかということだった。襲撃は政治的デモを装って始まり、最後はトロツキー個人への暴行によって終るかもしれない。ある日、トロツキーは私に一つの計画を語った。第二の庭園の隅、ベルリン通りとの境に近い塀の下に、梯子を常備しておくというのである。当時のベルリン通りは草の生い茂った淋しい道で、夜間の照明は薄暗く、というより照明など全くなかったかもしれない。表側から見たのでは、この家の敷地がそこまで拡がっていることなど見当もつかなかった。襲撃された場合、トロツキーは梯子を塀に立てかけて、一人でベルリン通りに脱出し、誰にも見られずに、急ぎ足で、私たちの知り合いの若いメキシコ女性の家へ避難する、という段取りである。その女性は夫と別居中で、数百メートル離れた彼女自身の家に住んでいた。この塀を乗り越える脱出計画はなかなか気がきいていて、悪くないと私も思った。何日か経って、トロツキーは予行演習をしようと言い出した。夜になってから梯子を塀に立てかけ、若い女性の家へ行くという。ところが同じ頃、私はその女性から聞いたのだが、トロツキーは二、三カ月前から、四、五回、露骨かつ執拗にその女性に言い寄っていたのだった。そのたびに女性のほうはトロツキーの意向を無視し、特に騒ぎ立てることはしなかったのだが、今回の梯子の計画や予行演習のこともトロツキーから聞かされていたという。こうなると脱出計画の意味は一変してしまった。警備問題と恋のアバンチュールとを一緒くたにするやり方が、私は気にくわなかった。批判めいたことは何も言わなかったけれども、私が全く熱意を示さないことに気づいたのだろう、トロツキーは予行演習の件をうるさく言わなくなった。そこへいくつかの事件が矢継早に起って、事態は急速に変化した。

まず、人の出入りなど、ある種の手掛りから、ディエゴ・リベラと私には隣の家がますます怪しく見え始めた。リベラは持ち前の気前のよさを見せて、その家を買いとることに決めたが、手続きが終るまでには数週間かかる。もし本当に襲撃が計画されているのなら、敵は家を失う前に結着をつけようと実行を急ぐだろうから、その数週間はきわめて危険である。結局、私たちは次のような計画を採用した。隣の家がこちらの手に入るまで、トロツキーはアントニオ・イダルゴの家に移り住む。イダルゴはローマス＝デ＝チャプルテペクに邸宅を持っていた。そこはメキシコ・シティでも美しい住宅地区の一つである。そしてコヨアカンの家にトロツキーがいないことは、全員でなんとかカムフラージュする。

一九三八年二月十三日、庭に入れてあった車にトロツキーは乗りこみ、床に伏せた。私は運転席に坐り、門が開かれた。警官たちの哨舎の前を通りすぎるとき、私は親しげに手を振り、ふだん急ぎの用で一人外出する場合と同じ様子を装った。間もなくトロツキーは起きあがり、うしろの座席に坐った。

私たちはイダルゴの家に着いた。それはきわめて快適な家だった。イダルゴ夫妻には子供がいなかった。夫妻はトロツキーを款待した。コヨアカンでは、ナターリヤがベッドの中に枕を集めてトロツキーの体の恰好をこしらえた。これは三十五年前、トロツキーがシベリアから脱走したとき、アレクサンドラ・ソコロフスカヤが用いたのと同じトリックである。使用人たちは寝室から遠ざけられ、ときどきナターリヤが台所まで出向いて、病気のトロツキーに飲ませると称してお茶を運んだ。イダルゴの家では、トロツキーは読書と執筆に没頭した。コヨアカンとチャプルテペクの間の連絡は、時にイダルゴが、時に私が受け持った。

息子リョーヴァの死

こんなふうにしているところへ、二月十六日、リョーヴァの死が伝えられたのである。時差のために知らせがコヨアカンに届いたのは昼食が終ったときだった。アメリカの大きな通信社の特派員が電話で知らせてくれたのだったと思う。そのとき私のほかにはジョウ・ハンセンと、ラーエ・スピーゲルがその場に居合せた。私たちはナターリヤには何も言わず、夕刊を見せず、かかってくる電話にも彼女を出させないようにしようと決めた。私はサン＝アンヘルの家にリベラを訪ねた。そのときパリの誰か、ジェラール・ロザンタールか、ジャン・ルスと電話で話し合ったような気もするが、その点は正確に記憶していない。リベラと私はチャプルテペクへ行った。トロツキーの部屋に入り、リベラは進み出て、知らせを伝えた。こわばった顔でトロツキーは訊ねた。「ナターリヤは知っていますか」。「いいえ」とリベラは言った。トロツキーは答えた。「私から話します！」私たちはあわただしく車に乗った。私が運転し、リベラは助手席に坐った。トロツキーはうしろの席で背筋をぴんとのばし、終始無言だった。コヨアカンに着くと、彼は直ちにナターリヤと二人で自分たちの部屋に閉じこもった。ジーナが死んだとき、私がプリンキポで目撃したのと同じ蟄居生活が再び始まったのである。私たちはときどきドアを細めにあけて、お茶を差し入れた。十八日の午後一時、トロツキーは私に数枚のロシア語の手書き原稿を渡し、それを翻訳して、タイプで打ち、ジャーナリストに配布するよう指示した。その文章でトロツキーは息子の死の状況に関する調査を要求していた。更に数日、蟄居がつづいてから、トロツキーは再び書斎に現れて、レフ・セドフ（リョーヴァ）についての有名な文章を書き始めた。イダルゴの家へ行く少し前に脱稿した「かれらのモラルとわれわれのモラル」という長い論文の日付は、二月十日と記されていた。それをトロツキーは十六日と書き変え、あとがきを付け加えた。

ジャンヌは、トロツキーとナターリヤに悲痛な手紙をよこした。彼女はリョーヴァにたいそう愛着していたのだった。トロツキーは彼女に電報を打った。《ソウダヨ、カワイイジャンヌ、生キナケレバ》。だが事態は急変した。リョーヴァはラクルテル通りの自宅にたくさんの文書を遺していた。彼の死後二、三週間経って明らかになったのは、モリニエ・グループに属しているジャンヌが、トロツキズム・グループの主流派の一人であり、パリにおけるトロツキーの代理人であるジェラール・ロザンタールを介して、それらの文書をトロツキーに引き渡すことを肯んじないという事実だった。トロツキーは憤慨した。リョーヴァの遺した文書は、法律的にも、精神的にも、当然トロツキーに帰属すべきものではないか。彼にはジャンヌが危険をもてあそんでいるように見えた。フランス警察はその文書に首を突っこむ機会を狙っていたのだし、ゲ・ペ・ウもその点は同様である。トロツキーは激怒した。にがにがしくもまた傷ましい一連のいざこざが始まった。一方、ナターリヤとジャンヌの文通は続いていた。傷心の二人の女性は涙に濡れた手紙をやりとりしていた。

リョーヴァが死んでから約六週間後、三月の終りか四月の初めに、私は昼食のあと自分の部屋にいた。トロツキーの午睡の時間だった。毎日この時間にナターリヤはしばしば私の部屋に来て、こまごました家事の問題を話したり、家計簿をつけたりするならわしだった。その日、私の部屋に入って来たナターリヤはひどく取り乱していた。涙が頰を流れていた。彼女は叫んだ。「ヴァン、ヴァン、今何て言われたと思う？　『きみは私の敵に加担している』、そう言ったのよ！」そしてトロツキーの発音通りに、ロシア語でそのことばを繰り返した。「対立者」ではなく「敵」と言ったのだという。敵といえば、それはジャンヌやレーモン・モリニエどころか、もっと重大な相手を指すことばである。むろんトロツキーのことばは「きみは私の敵に加担しているかのように振舞っている」あるいは「きみはそれと知らずに敵を利している」という意味だったのだろう。しかしリョーヴァの死後六週間しか経っていない、ナターリヤがまだ悲しみに喘いでいた時期に、トロツキーはこの上なく辛辣で暴力的なことばを彼女に投げつけたのである。

独立革命芸術家国際連盟創設の構想

ちょうどその頃、アンドレ・ブルトンが外務省の肝煎りでメキシコへ講演旅行に来ることを私たちは知った。トロツキーはブルトンの本を入手するよう私に命じた。ただブルトンの本を一冊も読んだことがなかったのである。時間の余裕がないので、パリからではなく、ニューヨークから取り寄せたほうが早いだろう。四月九日、私はハロルド・アイザックスに手紙を出し、ニューヨークで集められる限りのブルトンの本を送ってくれるよう頼んだ。四月末、「シュルレアリスム宣言」「ナジャ」「通底器」その他一、二冊の本が届いた。私は新しい本のページを切り、トロツキーに渡した。彼はそれらの本をデスクの隅に積み重ね、数週間はそのまま積み重ねておいた。私の印象としては、トロツキーはそれらの本をぱらぱらめくってみはしたものの、通読はしなかったようである。

ブルトンとジャクリーヌがメキシコに到着した直後、それは四月後半のことだったが、私は夫妻に逢いに行った。私たちは伝統的なメキシコ料理のレストランで昼食をとった。ブルトンはメキシコに来て心楽しく、見るもの聞くものに感嘆しているようだった。私にたいしては、たいそう誠意ある応対をしてくれた。一九三八年四月二十九日、私はピエール・ナヴィルにこんな手紙を書いた。《ブルトンは数日前から当地に来ています。この国そのものや、ディエゴの絵や、この国の美しいもののすべてに感嘆している模様。その代り、連日のように宴会やら公式のレセプションやらで、大勢の人間に悩まされています……》。数日後、すなわち五月上旬に、私は車でメキシコ・シティへブルトンとジャクリーヌを迎えに行き、コヨアカンへ連れて来た。トロツキー夫妻との、この最初の会見については、ブルトン自身が書いている。パリでのモスクワ裁判調査委員会の仕事のこと、ジードの態度、マルローの態度などが話題になった。いろいろな情報が取りかわされたが、話は大きなテーマには発展しなかった。二度目の会見は五月二十日に行われた。私は個人的な備忘として、この会見の直後に会見の内容をノートにしるしておいた。それは会話の記録と呼べるほどのものではないが、会見の模様を知るための或る程度の手掛りにはなる。私たち（ブルトン、ジャクリーヌ、ナタ－リヤ、それに私）がトロツキーの書斎に腰を落着けると、途端にトロツキーはかなりせっかちな感じで、あらかじめ準備していたかのように、熱烈にゾラを擁護し始めた。トロツキーはシュルレアリスムを、ゾラ流の狭い特殊な意味における「レアリスム」への反作用と見たのだろう。トロツキーは言った。「私はゾラを読むと、自分が知らなかったさまざまの新しい事柄を発見し、より大きな現実を洞察することができる。つまり幻想的なものとはすなわち未知なるもののことなのです」。ブルトンはいささか驚いて固くなり、椅子の背にぴったりと背中を押しつけた、いい姿勢で言った。「そう、その通りです、異議ありません、ゾラにはポエジーがあります」。トロツキーは続けて言った。フロイトは意識のなかに潜在意識を浮びあがらせる。あなたはちょっと逆ではないだろうか。「あなたはフロイトを援用なさるけれども、それは無意識によって意識の息の根を止めたいのではありませんか」。ブルトンは「いや、そんなことはありません」と答え、それから不可避的な質問を発した。「フロイトはマルクスと両立するものでしょうか」。トロツキーは答えた。「さあ、それは……そのあたりの問題はマルクスも考究しなかった。フロイトにとって社会とは一つの絶対だけれども、『幻想の未来』では少しばかり様子が違って、社会とは抽象化された強制の一形式ということになっています。その社会を徹底的に分析する必要がある」。

ナターリヤがお茶をいれ、会話の緊張が少し緩んだ。話題は芸術と政治の関係ということに転じた。トロツキーは、スターリン主義的な組織に対抗するために、革命的な芸術家や作家の国際的組織の創設を提唱した。これは明らかに、ブルトンのメキシコ訪問を知ったときからトロツキーが考えていた計画だった。宣言文《マニフェスト》の話になり、ブルトンはその草稿を書くことを引き受けると明言した。それからあとはもうトロツキーの書斎での話し合いではなく、一同は打ち連れて小旅行に出掛けたり、メキシコの田舎へピクニックに行ったりした。ブルトンとジャクリーヌは毎日のようにリベラやフリーダと接触した。一時はサン＝アンヘルのリベラ夫妻の家に滞在していたこともあった（メキシコに着いたばかりのときは、ディエゴ・リベラの先妻、グアダルーペ・マリンのメキシコ・シティのアパートに泊っていたのだった）。トロツキーとは八回から十回前後、顔を合せただろうか。

一九三六年秋のパリで調査委員会の仕事をしていたとき、私はブルトンと何度も喫《カ》茶《フ》店《エ》で逢ったことがある。そのカフェには夕方になるとブルトンの友人たちが集まって来て、そこではブルトンは正《まさ》しく一流派の主宰者という感じだった。ところがメキシコで私が見たブルトンは全然違っていた。尊大なところは全くなく、彼はなんでも見たい知りたいという好奇心に燃えていた。そして時には打ち明け話さえした。「分ってもらえるかな、ぼくはときどき、すべてのものからひどく遠く離れているような気持になるんだ。ジャクリーヌからさえね！」と、ある日ブルトンは私に言った。トロツキーという人物は彼に強い印象を与えていた。「教会の枢機卿だ、それもなんという教会だろう！」

ブルトンのメキシコ旅行はスターリニストの側に憎しみの反応を惹き起していた。ブルトン自身がのちに、一九三八年十一月十一日の講演会で、自分にたいして企まれた陰謀のことを語っている。ブルトンの最初の講演は国立芸術院で行われることになっていた。メキシコのスターリニストの一団がこの講演会を妨害するのではないかと、トロツキーは心配した。そして私に警備体制をひそかに整えるよう指示した。私はメキシコのトロツキスト・グループの人たちに頼んで、会場の要所要所に目立たぬように待機してもらった。結局、不都合なことは何一つ起らなかった。しかし、ブルトンの文芸講演会の警備のために、トロツキーがためらうことなく政治グループのメンバーに呼び出しをかけたということは、ブルトンにたいする彼のなみなみならぬ好意を物語っている。

アンドレ・ブルトンに依頼した宣言文《マニフェスト》

ブルトン夫妻と小旅行に出掛けた或る午後のこと、私たちは田舎町で教会に立ち寄った。そこはプエブラ市の近くで、たぶんチョルーラの町だったと思うが、はっきり憶えていない。リベラとフリーダはその日は私たちと一緒ではなかった。教会の内部は天井が低く、薄暗かった。左手の壁や柱はメキシコ独特の絵馬《レターブロ》に覆われていた。それはしばしば古いブリキ鑵などから作られた小さな金属の板で、その板に劇的な事件の情景、ふつうは悲惨な災害の場面が、無名画家たちによって描かれている。神の恵みによって事故死を免れた人は、感謝のしるしとして、こうした絵馬を奉納するのである。うずたかく積み上げられた絵馬のなかには、五十年前や、八十年前の絵馬もあった。私が思うに、これはメキシコの民衆芸術の一形式として注目すべきものである。ブルトンは感嘆した。感嘆のあまり、何枚か、たぶん五、六枚の絵馬を自分の上着の内側に隠し始めた。そこが教会であるゆえのうしろめたさなど、さらさらない様子で、恐らくこの行為も反教権主義の戦いの一環だというつもりだったのだろう。これを見てトロツキーが非常に苛立ったことは、顔つきですぐ分かった。トロツキーは反教権主義をこんなかたちでは表明しない。しかも、この情況は危険を招く可能性がなきにしもあらずだった。メキシコでは教会の財産はすべて国家のものである。もしこの町の警察に感づかれれば、この窃盗はたちまちスキャンダルとして知れ渡り、トロツキーの滞在を妨害することに憂き身をやつしているスターリニストたちは、ここぞとばかりスキャンダルに飛びついて、メキシコ人の愛国心に訴え、国家財産を侵害したトロツキーとその友人たちを弾劾するだろう。それやこれやで重大な結果を招来しかねない事態である。だがトロツキーは何も言わずに教会の外へ出た。この場合、トロツキーは並々ならぬ自制心を示したと言わなければならない。

その直後から、宣言文《マニフェスト》の草稿を早く見せるようにと、トロツキーはブルトンに催促し始めた。トロツキーの熱い息をうなじに吹きかけられたブルトンは体が痺れたようになり、全然書けなかった。「何か見せていただけるものはないのかな」と、顔を合せるたびにトロツキーは訊ねた。こうしてトロツキーは学校教師の役割を演じ、ブルトンは宿題をやって来ない反抗的な生徒といった恰好だった。ブルトンは苦悶した。この情況はだらだらと続き、彼の精神的な痺れはますますひどくなった。ある日、ディエゴ・リベラの家の庭で、ブルトンは私を片隅に呼んで言った。「例のマニフェストだけれども、きみが書いてくれませんか」。これ以上、事を紛糾させるのはいやだったので私はことわった。

グアダラハラへ旅行したのは六月のことである。ディエゴ・リベラはその町で制作中であり、私たちは旅行かたがたディエゴと合流する予定だった。二台の車に分乗して、私たちはグアダラハラへ向け出発した。前の車を運転していたのは、私の記憶に誤りがなければジョウ・ハンセンで、その車の後部座席にトロツキーとナターリヤが乗り、助手席にブルトンが乗った。みちみち話をしながら行こうということで、これはトロツキーが頼んでこうしたのである。私は二台目の車にジャクリーヌと一緒に乗った。確かフリーダも一緒だったと思う。運転していたのはアメリカ人、あるいはメキシコ人の運転手だった。グアダラハラまでは当時は八時間かかったが、二時間ほど進んだ所で前の車が停止した。三、四十メートル後方で私たちの車もとまり、何が起ったのか調べようと、私は前の車にむかって歩きだす。ジョウが向うから歩いて来て、私に言う。「おやじさんがきみを呼んでるよ」。ブルトンも前の車から下り、後の車にむかって歩いて来る。私たちは擦れ違う。ブルトンは何も言わず、わけが分らないよ、驚いたよというしぐさをする。私は前の車に乗りこみ、車は動き出す。トロツキーは後部座席に、ぴんと背筋をのばし、無言で坐っていた。今し方一体何があったのか、一切説明しようとはしなかった。

グアダラハラに着くと、私たちはブルトン－リベラ組にはお構いなしにホテルに入った。私は途方に暮れていた。フランス語を知らないジョウは、トロツキーとブルトンの会話の内容は全然分らなかったので、やはり何が起ったのか不明だという。ナターリヤは曖昧なことばを呟くだけである。ホテルに落着いてからトロツキーがまっさきに私に命じたのは、当時グアダラハラに住んでいたオロスコとの会見の手筈を整えてくれということだった。リベラとオロスコは当時メキシコで最も有名な二人の画家である。二人は対立していたわけではないが、性格、趣味、生活様式、画風などの点で、およそ両極端に位置していた。リベラが陽気な外向性の男である一方、オロスコは苦悩に満ちた内向性の人間である。メキシコ画壇の双璧であるという事実そのものが、二人の間に必然的に一種の競争意識を生み出し、二人に個人的な付き合いはほとんど、あるいは全くなかった。トロツキーが私に命じたことの意味は明白であって、つまり彼はリベラ－ブルトン組との間に一定の距離を置こうとしたのである。そんなわけで私はオロスコに逢いに行った。オロスコは私をアトリエに迎え入れ、会見の約束が成立した。その翌日あるいは翌々日、トロツキーとナターリヤと私はオロスコを訪問した。会話の雰囲気は友好的だったが、そこにはトロツキーとリベラの会話につねに見られるような活気や熱気が欠けていた。会見を終えて出てくると、トロツキーはナターリヤと私に言った。「あれはドストエフスキーだ！」

一方、リベラとブルトンは珍しい絵や骨董品を探して、グアダラハラの町を歩きまわっていたのだった。このときのことを語ったブルトンの文章「メキシコの思い出」は、「野の鍵」に再録されている。

結局トロツキーはグアダラハラではブルトンと顔を合せず、私たちは帰途に着いた。グアダラハラへ来るときトロツキーを怒らせたのは、やはりブルトンが宣言文《マニフエスト》の起草をずるずると遅らせていたことだったようである。しかしトロツキーは決裂を望まず、自制を取り戻した。全員がグアダラハラから帰ったのち、関係は少しずつ修復された。その後ブルトンは車の中での出来事については決して私に語らず、私のほうも訊かなかった。

七月の初め、ミチョアカン州のパックアロへ数日滞在の予定で出掛けることになった。ブルトンとジャクリーヌと私は先に出発した。私はトロツキーのために適当なホテルを探さなければならなかったし、ブルトンとジャクリーヌはメキシコの田舎を見たいと言ったのである。ディエゴ・リベラはサン＝アンヘルの自宅に、スペイン人の侵入よりも古い時代の、チュピクアロの人形の珍しいコレクションを持っていた。これはグアナフアト州の農民たちが少しずつディエゴの家に運んで来たのだった。この粘土の人形はいずれも身長十センチほどで、装身具を身につけた肉感的な裸婦像である。アーモンド形の目や性器は細い粘土の帯で象《かたど》られている。ブルトンはこのチュピクアロの女人像に殊のほか感嘆していた。モレリア市の少し手前で、街道から逸れて、この人形を探しに行ってみないかと、ブルトンは私に持ちかけた。これはただの思いつきで、どこへ行けば人形を入手できるという正確な情報があったわけではない。いくらか出たとこ勝負という感じで、私たちは街道から逸れ、未舗装道路を進んだ。雨季はすでに始まっていた。車はじきにぬかるみにはまりこみ、動きがとれなくなった。結局、近くの百姓を呼んで来て、力を貸してもらい、やっと窮境から脱することができた。私たちはチュピクアロの女人像をあきらめ、パックアロに通じる街道に戻った。車が順調に走り出してから暫く経って、ブルトンは私に言った。「ぼく一人だったらね、何もかも投げ出して、歩いてでも行っただろうがね」。このことばは私には異様に思われた。メキシコの原野のまんなかで、ブルトンは一体どこへ行く気だったのだろう。

パックアロでは、私たちは舟で湖上に乗り出し、日が落ちると、ハニツィオという小島へ白い魚《ペスカード・ブランコ》を食べに行った。このことはブルトンのメキシコ回想記にも語られている。

トロツキーとブルトンの共同作業で生まれた宣言文《マニフェスト》

当時のパックアロは平和で魅力的な田舎町だった。石を敷きつめた通りや静まりかえった広場を散策していると、まるで十七世紀に迷いこんだような気分になった。私たちが選んだホテルはその昔の大きな邸宅で、客室は十ほどしかなく、庭には花々が咲きみだれていた。二日後に、トロツキーとナターリヤが、二人のアメリカ人と一緒に到着した。アメリカ人の一人はジョウ・ハンセンだったと思う。ディエゴ・リベラとフリーダもやって来た。一同は計画を練った。昼間は見物に充て、夜は芸術と政治について語り合おう。その会話の記録を「パックアロの会談」と題し、ブルトン、リベラ、トロツキーの三人を著者として出版しようという話まで出た。第一夜はほとんどトロツキーの独演だった。彼の主張は、未来の共産主義社会においては芸術は生活のなかに溶けこむだろうというものだった。もはや踊りとか、男女の踊り手とかは存在せず、すべての人間が調和のとれたやり方で体を動かすだろう。もはや絵は存在せず、すべての住居は美しく飾られるだろう。この主張をめぐる討論は次の晩ということで、トロツキーは普段通り早い時刻に自分の部屋へ引き上げた。私は庭に残ってブルトンとお喋りをした。「どんな時代になっても、小さな四角い画布に絵を描きたがる人間はいると思う。きみはそう思いませんか」と、ブルトンは私に言った。

第二夜は成立しなかった。ブルトンが病気になったのである。熱が出て、失語症の発作が起きた。ジャクリーヌは献身的に夫を看護した。私たちは心配したが、ジャクリーヌによれば、これは以前にも起ったことだという。

七月十日、近郷の学校教師たちのグループがトロツキーを訪ねて来た。彼がこの町に滞在していることを知って、話し合いのために来たのである。村の教師たちの仕事やら、教師たちにまつわる諸問題やらが話の中心になった。トロツキーはメキシコとロシアを比較した。そして話し合いの終りに、その点について鉛筆でロシア語の短い文章を書いた。私はそれをスペイン語に翻訳し、訳文を訪問者たちに渡した。この短文はミチョアカン州教員組合の小さな機関紙「生活《ビーダ》」に公表された筈である。

ブルトンの世話をジャクリーヌに任せて、トロツキー、ナターリヤ、二人のアメリカ人と私はコヨアカンに帰った。数日後、ブルトンとジャクリーヌは再び姿を見せた。ブルトンは思いのほか早く回復したのだった。宣言文《マニフェスト》の件はようやく袋小路から脱したと思う。私の記憶に誤りがないとすれば、最初に一歩を踏み出したのはブルトンの方だった。彼は独特の細かい字をつらねた手書き原稿数枚をトロツキーに渡した。トロツキーはロシア語で数枚の原稿を口述し、私はそれをフランス語に訳して、ブルトンに見せた。それから新たな話し合いがあり、トロツキーは両者の原稿を一緒にして、それらを切り抜き、あちこちに若干のことばを付け足してから、全部を貼り合せ、ちょっとした巻物のようなものを作った。その最終的なテキストを渡された私は、トロツキーのロシア語の部分を翻訳し、ブルトンの文章はそのまま活かして、全体をフランス語のタイプで打った。このタイプ原稿を両者が了承したというわけである。従ってこれを読む人はだれでも、使われていることばの違いから、トロツキーが書いた部分と、ブルトンが書いた部分とを、直ちに見分けられるに違いない。トロツキーは全テキストの半分弱を、ブルトンは半分強を書いたのだった。芸術家たちを対象としているため、宣言文《マニフェスト》はブルトンとリベラの署名によって公表された。リベラはこの文章の執筆には全く関与しなかったのだが。独立革命芸術家国際連盟（F・I・A・R・I）の創設を呼びかけるこの宣言文《マニフェスト》は、各国語に翻訳され、現在も広く知られている。

トロツキーとブルトンの最後の会見はブルトンのフランス帰国の直前に行われ、たいそう暖かい、友情に満ちた会見だった。今にも戦争が始まりそうな情勢で、ブルトンはフランスへ帰れば召集されるかもしれなかった。一九三八年七月末のことである。コヨアカンの青い家の、日ざしの強い中庭《パティオ》で、サボテンや、オレンジの木や、ブーゲンビリアや、たくさんの土偶に取り囲まれて、別れの挨拶が取り交され、そのときトロツキーは書斎へ行って、共同で書いた宣言文《マニフェスト》の生原稿を持って来ると、それをブルトンに渡した。ブルトンはたいそう感激した。これはトロツキーとしては珍しい意思表示であり、少なくとも私が一緒に暮していた間、こんなやり方は他に見たことがない。この生原稿の一部分の写真版がブルトンの「野の鍵」の四〇ページと四一ページの間に掲載されている。原稿そのものはブルトンの遺品として現在も保管されている筈である。

フランスへ帰ると、案じられていた通り、ブルトンは召集されたが、軍隊にいた期間はほんの数週間だった。一九三八年十一月十一日、彼はたいへん印象的な講演を行い、自分のメキシコ滞在について語った。この講演は活字になった。ここで若干の個人的な考察をさしはさむことを許していただきたい。ブルトンは講演のなかで、この私が《非常に貧しかった》と述べている。「貧しい」とか「豊か」とかいう概念を、私はトロツキーとともに生活していた間、一度も自分自身にあてはめたことはなかった。もちろん私たちが自由に使える金はほとんどなかったし、いわゆる月給を私は貰ったこともなく、僅かな小遣いはナターリヤと私の間でいつもきっちりと額を定めてあった。にもかかわらず、ブルトンの講演が載った雑誌をトロツキーの書斎へ届けるとき、私は当惑していた。つまり、ブルトンがこのような発言をしたのは、私が愚痴めいたことを言ったからではないのかと、トロツキーに思われることがこわかったのである。トロツキーは私に何も言わず、私のほうからも何も言わず、結局この点についてと私とトロツキーの間には何の誤解も生じなかった。ともあれ、このブルトンのことばは、シュルレアリストとトロツキストがお互に別世界の住人であったことを示している。

トロキニスト・グループの内部抗争

ブルトンの訪問中も、革命的な政治運動は中断されることなく続いていた。ちょうど第四インターナショナルの創立大会の準備をしていたときだった。七月十八日、ルドルフ・クレメントが行方不明になったという知らせが届いた。数日後、頭部を切断されたクレメントの死体がセーヌ河で発見された。彼は国際書記局の事務を一手に引き受けていたのである。ズボロフスキを通じて、ゲ・ペ・ウはクレメントの役割を正確に知っていたから、前記の創立大会の準備が始まった時期を狙って攻撃をかけてきたのだった。創立大会はパリ郊外で九月の初めに開かれた。

マルクスが一部の弟子たちの意外なことばを耳にして、自分は「マルキシスト」ではないと言明したように、トロツキーも時に自分は「トロツキスト」ではないと言うことがあった。しかしさまざまなトロツキスト・グループの内部問題に絶えず気を配っていたという意味では、トロツキーは紛れもない「トロツキスト」だった。たいていの場合、それらのグループは例外なく、二つあるいは三つの分派にわかれていた。それらの分派間の抗争や和解、グループ内部の分裂や、グループ同士の対立などに、トロツキーは忙殺されていた。彼の時間や精力や忍耐力の大部分はこのような分派抗争に充てられていた。

トロツキスト・グループにたいしてトロツキーが倦むことなく繰返した苦情は、グループの社会的構成がよくないということだった。つまり、知識人が多すぎ、労働者の数が充分ではないというのである。《小《プチ》ブルジョア》ということばが、個人にたいしても、グループにたいしても、最もしばしば彼のペンから生れ出た非難のことばだった。トロツキーが文句なしに高く評価したグループは、私が聞いた限りでは二つしかなかった。一つはベルギーのシャルルロアの炭坑夫たちのグループであり、もう一つは合衆国のミネアポリスのトラック運転手たちのグループである。

各国のトロツキスト組織におけるすべての内部抗争の過程を再構成することは、複雑かつ困難な仕事になるだろう。しかし一つ一つの情況に固有の諸条件を再現するような、細部にわたる具体的な研究だけが、それらの問題にたいするトロツキーの決断について評価を下すことを可能にする。この分野では表面的な評価に身をゆだねてしまうことはあまりにも容易なのである。もちろん、組織上の問題においてトロツキーが示した法外な努力の、その見かけの結果は、率直に言うなら貧弱であった。一例を挙げれば、トロツキーはスペイン問題について革命的情熱にあふれた文章を数多く書いたが、内戦当時、バルセロナのトロツキスト・グループはほんの十数名で、それも経験の浅い若者ばかりだった。トロツキーが死んだときのトロツキスト・グループの総体は、量的には、トロツキーがロシアを出た当時の反対派グループの総体と大差なかった。時折かなりの数の著名人がトロツキストを自称したけれども、やがてはトロツキスト組織から遠ざかって行った。あの恐ろしい日々の困難な条件を忘れてはならない。当時の事情を知らない人びとのために、今日、どのようにして一九三〇年代を再現したらいいのだろう。スターリンの側からの中傷と迫害は荒れ狂っていた。資金は想像を絶するほど不足し、財政状態の破綻のために、ごく簡単な仕事にさえ私たちは手も足も出なかった。

トロツキーが最も心を傾けていた対象は、たぶんフランスにおけるトロツキズムの進展情況だったと思う。トルコ到着の数カ月後、創刊当時の「真実《ラ・ヴェリテ》」を、トロツキーは綿密細心に見守った。一九二九年から三一年までは、レーモン・モリニエ、ピエール・ナヴィル、アルフレッド・ロスメルの三者間のごたごたの調停に多くの時間をさいた。一九三五年以降、死に至るまで、レーモン・モリニエとの募る一方の不和はほとんど悪夢と化していた。一九三六年六月の大ストライキ攻勢に際してのトロツキーの態度については、すでに述べた通りである。《フランス革命が始まった》とトロツキーは書いたのだった。やがてフランスの労働者は後退し、自身はメキシコに居を移すと、トロツキーはフランスのトロツキズムの問題を、いくらか距離を置いて眺めるようになった。これはもちろん、相対的に距離を置いてという意味である。フランスの政局やトロツキスト・グループ内の出来事を、彼は依然として見守ってはいたが、以前のような緊張はもはや感じられなかった。

フランスのトロツキスト・グループの内部事情や、特に指導部の動きに関する情報は、ジャン・ルスからコヨアカンへ伝えられることが最も多かった。ルスはほぼ定期的に長い手紙を私宛によこしていたが、その内容はもちろんトロツキーに宛てたものだった。ルスは相当の悪筆で、その手紙をトロツキーはほとんど判読できなかった。そこで私は毎回の手紙をタイプでコピーにとり、そのコピーをトロツキーに渡すのを常としていた。ある日、それはすでに一九三九年の中頃だったと思うが、着いたばかりのルスの手紙の内容を手短にトロツキーに伝えてから、私は付け足した。「あとでタイプを打ちます」。トロツキーは答えた。「それには及ばない、きみには他に仕事がたくさんあるから」。このような態度は数年前には到底考えられなかった。

メキシコのトロツキニスト活動家

ヒューバート・ヘリングというアメリカの大学教授が、メキシコ・セミナーというものを企画し、年間に一度あるいは二度、三十人ばかりを引き連れて、コヨアカンへ訪ねて来た。トロツキーは毎回一、二時間ばかり相手になり、彼らの質問に答えるなどした。この代償として、タスコにあるヘリング所有の別荘をトロツキーは自由に使えることになった。私たちは二、三カ月に一度はそこへ行き、いつも一、二週間滞在した。初めてその別荘に行ったのは、デューイ委員会が終った直後だった。その後、もう一九三八年になっていたと思うが、このタスコ滞在の折、私たちは馬を借りて、町を取り巻く丘陵地帯を散策した。私たちの連れは、トロツキーに逢うために二、三週間の予定でメキシコへやって来たアメリカのトロツキストたちで、そのなかには女性も大勢いた。総勢十四、五人だったろうか。私たちは並足で進み、それより速く馬を走らせることは無理のように思われた。突然、トロツキーは誰にも断らずに、ナターリヤにさえ何も言わずに、激しく馬に鞭をあて、ロシア語の叫びをあげながらギャロップで走り出した。私の乗馬経験は豊富というには程遠いのだが、この際ぐずぐずしてはいられない。馬に鞭をあて、私もギャロップで走り出した。腰の拳銃はばたんばたんと揺れ、私は鞍にしがみついているのがやっとだった。なんとか無事に切り抜けたのは、馬が優秀だったからに違いない。こうしてトロツキーと、辛うじて彼を追う私とは、暫くギャロップで駆けつづけ、やがてメキシコ・シティからタスコへ通じる街道に出た。それから先はタスコの町の入口まで全速力のギャロップだった。このたぐいの計算外の行為は、トロツキーの場合きわめて珍しい。

「死者の日」はメキシコの民衆的な祭であり、この祭は一九三〇年代には今日よりもずっと派手に祝われていた。その日は爆竹が鳴らされ、関節を繋ぎ合せたボール紙の骸骨が担ぎ出され、人びとは通りを練り歩く。子供たちはバラ色の砂糖で作った頭蓋骨や、マシュマロの脛骨など、気味のわるい砂糖菓子を食べる。一九三八年十一月二日の昼すぎに、ディエゴ・リベラがコヨアカンの家へやって来た。いたずらのたねを見つけた画学生のようににやにやしながら、彼は紫色の砂糖で作った大きな髑髏をトロツキーに差し出した。その額の部分には白い砂糖で「スターリン」と書かれていた。トロツキーは何も言わず、髑髏など存在しないかのように振舞った。そしてリベラが帰るや否や、それをとりこわすよう私に命じた。

ディエゴ・リベラは、いくつかの美質のもちぬしだった。例えば、強い想像力の助けを借りて、彼は人間を深く洞察することができた。しかし他ならぬその対人関係に、リベラの移り気な面がはっきりと現れていた。彼はある人物の一面を凝視し、次に別の面を凝視し、こうして数日のうちに正反対の結論に達すると、その人物への接し方も一変するのである。ここから他者との関係における態度豹変が生れる。ある朝、私はリベラとフリーダのサン＝アンヘルの家で、夫妻と一緒に朝食をとっていたが、そこへ郵便物が届いた。そのなかにアメリカの作家から来た一通の手紙があった。リベラは差出人の名前を見ると、その手紙を開封もせずに文字通り握りつぶし、部屋の隅に放り投げて叫んだ。「ああ、この野郎、モスクワ裁判にたいする態度表明もできなかったくせに」。数日後、リベラの家へ行くと、彼は手紙の差出人ときわめて友好的に談笑していた。手紙は訪問の予告だったのである。このような人間関係における急転回は、リベラの場合しばしば起った。

メキシコのトロツキスト・グループの活動家はせいぜい二、三十人だった。これほどの小人数にもかかわらず、グループは二派にわかれていた。一つはオクタビオ・フェルナンデスを中心とする分派であり、もう一つはガリシアの周囲に集まった一派である。リベラはたいていの場合どちらにも加担しなかった。しかも彼はかなり風変りなメンバーだった。他のメンバーは学校教師や若い労働者など、若者たちばかりで、経済的にかなり逼迫していたが、一方リベラは国中に知られた有名人で、絵が売れれば多額の金が入ってくる。従ってリベラは絶えずグループを経済的に援助していた。何らかの行動、例えばポスターの印刷とか、集会とかが計画されると、リベラはその行動に賛成のときは直ちにたっぷりと資金を提供し、そうでない場合は知らんふりをするといった調子で、結果的には自分の意思をグループに押しつけるのだった。このような情況がグループ内部の緊張を招くことは目に見えている。本当はリベラは日常活動から離れた立場に立ち、ただの寛容な一シンパでいてくれたほうがよかったのである。だが彼はあくまでもグループ内の日常に参加したがっていた。

トロツキーがメキシコに滞在していることによっても、事態は一向にすっきりしなかった。グループの活動家たちは、どちらの分派に属していようと、積極的に私たちの夜間警備に力を貸してくれ、毎夕、二、三人ずつコヨアカンの家にやって来ては、翌朝帰って行った。トロツキーはこの人たちと話し合い、さまざまな助言によって分派抗争を調停した。活動家たちはこのような圧力が自分たちの上に加えられるのを絶えず感じていた。こんなふうに、グループ内部の状況はかなり混沌としていたのである。まず国際書記局が、次には第四インターナショナル創立大会が、このメキシコ支部の問題をとりあげた。創立大会では、メキシコ支部の改組を指令する決議が採択された。その決議に次のような部分がある。《同志ディエゴ・リベラに関しては、この同志が過去においてメキシコ支部内の人間関係に幾多の支障を生ぜしめた事実にかんがみ、再建された組織にはこの同志を加えぬよう勧告する。但し、第四インターナショナルに関するこの同志の仕事及び活動はインターナショナル副書記の直接の監督下に置かれるものとする》。リベラはこのような決議、自分が直接参加もせぬ遠い土地での決議を、すんなり受け入れるような男ではなかった。いずれ衝突が起ることは確実であり、不可避的であった。

ディエゴ・リベラとの不和

メキシコのトロツキスト・グループの活動について、トロツキーは頻繁にリベラと話し合った。彼がリベラに与えた助言は、時の経過とともに変化した。一九三八年の秋頃、トロツキーは恐らく、リベラはグループの日常活動から一定の距離を置くべきだという結論に達していたものと思われる。彼はリベラに現実には何と言ったのだろう。その点について私は何も知らない。トロツキーとリベラが話し合うとき、私は自発的に席を外すようにしていたのだった。ともあれ、そのような助言がリベラを怒らせなかった筈はない。リベラは画家であると同時に、戦闘的な政治家にもなりたいという野心を抱いていたのだから。

付け加えておかなければならないのは、リベラのトロツキズムがかなり相対的なものだったということである。私たちと付き合った全期間にわたって、リベラは口癖のように私に言った。「私はまあ、いくらかアナキストだからね」。彼はコミンテルンの舞台裏で直接見聞きしたたくさんの事柄を語った。つまり、レーニンの下ですら、汚いことがいくらも横行していたというのである。もちろん、彼はこのことをトロツキーには少しも語らず、全然別の顔を見せていた。一九三八年に書いたラテンアメリカ諸国に関する論文では、リベラは洞察と情熱をこめて、これらの国での、彼のいわゆる「下層ブルジョアジー」の立場や役割を分析している。

リベラにたいして、トロツキーは正確にはどんな感情を抱いていたのだろう。この設問への全面的な答があるとすれば、そのなかの部分的ないくつかの要素を提出することしか私はできない。ノルウェー政府の恥ずべきやり方を見たあとで、トロツキーが、メキシコのビザを取るために骨折ってくれたリベラに感謝していたことは明らかである（病身だったリベラはメキシコを横断する長い旅をしてまで、当時視察旅行中のカルデナス大統領に直接話をつけたのだった)。コヨアカンの青い家で手厚くもてなしてくれたことについても、トロツキーはリベラに感謝していた。しかし、これだけではない。一九三二年から三九年までに私が見たトロツキーを取り巻く人たちのなかで、リベラは話相手としてトロツキーが最も熱っぽく打ち解けて接した人物だった。もちろんトロツキーとの会話には決して越えられぬ限界があったにもせよ、トロツキーとリベラの出逢いには他の場合には見られぬ信頼感や、のびやかさや、くつろぎがあった。そして世界的に有名な芸術家が第四インターナショナルに加わったことを、トロツキーは喜んでいた。ある日、リベラの政治的安定性についての疑いが私のことばにちらと現れると、トロツキーは軽くたしなめる口調で私に言った。「なんと言おうと、ディエゴは革命家だからね」。それは彼が滅多なことでは人に与えない肩書だった。にもかかわらず付け加えるならば、トロツキーは恐らくこのときすでに自分自身の不安を鎮めたかったのである。

政治的要因と個人的要因とをないまぜにして、一つの不安がはっきりしたかたちをとり始めたのは一九三八年十月、つまりブルトンがフランスに帰ってから二、三カ月後のことだった。私がすでに述べたいくつかの事情に、ここで更に隠れた原因の一つと思われるものを付け足すとすれば、それはリベラが一行も書かなかった宣言文《マニフェスト》にリベラの署名が用いられた例の事実である。もちろんこの件についてリベラは許可を求められ、正式に快諾したのだった。しかし人の心の中というものは測りがたい。これは単なる推測にすぎず、この推測を裏付けるようなエピソードを紹介することはできないのだが。もう一つ付け加えねばならないのは、十月中頃フリーダがフランスへ行ったことである。それはブルトンとジャクリーヌの招待で、フリーダは数カ月間フランスに滞在する予定だった。リベラがいくぶんか精神的不安定に陥っただろうことは容易に想像がつく。

その何週間か、リベラは両極端のあいだを揺れた。ある日はメキシコのトロツキスト・グループの書記になりたいと言い出す。どんな団体の書記であろうと、およそ書記というものには向いていないリベラなのに。かと思うと次の日には、トロツキスト・グループのみならず、第四インターナショナルからさえ脱退し、絵に専念するつもりだと言い出す始末である。十二月の中頃、トロツキーはサン＝アンヘルの家を訪ねた。会談の結果、リベラはもう脱退などと言い出さないことを約束し、二人は一応なごやかに話を終えた。

十二月の終り頃、火薬に点火する役割を果したのは、ブルトン宛のリベラの手紙だった。リベラはフランス語の手紙を書く必要が生じたとき、私の助けを借りるのを常としていた。彼の口述を私が書きとり、タイプで打つ。一九三八年十二月末のその日も、彼がブルトン宛の手紙を書くというので、私はサン＝アンヘルの家へ行った。リベラは口述を始めた。間もなくトロツキーの「流儀《メトード》」を非難することばが現れた。私は書く手をとめた。「続けて、続けて、心配は要らない、この手紙は私からL・Dに見せます」とリベラは言った。私は決断を迫られたかたちになった。他の人が相手なら、私はここで直ちに帰ってしまうところだろう。だが、トロツキーとリベラの関係は特別だった。リベラはコヨアカンの家へ予告なしにいつ何時でも訪れることのできる唯一の人物であり、トロツキーはいつでも彼をあたたかく迎えた。他の訪問客の場合はいつも第三者が同席する決りで、その第三者とはたいていの場合、私だった。しかしリベラが来たときは、トロツキーと私とのこの絶え間ない接触はゆるめることができ、私はいつも自発的に二人の話し合いの席から引きさがるようにしていた。トロツキーがいつか私に「きみたちは私を物のように扱っている」と言ったことを思い出していただきたい。リベラとトロツキーの関係は、そのような警備システムから逸脱した、いわば特別の聖域だったのである。そんなわけで私はリベラのことばを信じ、彼が私の仲介なしで直接トロツキーに釈明するに任せようと思った。リベラは口述を終えた。私が帰る前に、彼はもう一度、この手紙は自分でトロツキーに見せると繰返し、「じっくり話せば分ってもらえるさ」と言い足した。私はコヨアカンに帰り、手紙をタイプで打ち、仕上った手紙を机の隅に置いておいた。トロツキーの午睡の時間というと、ナターリヤはよく私の部屋へやって来て、私がいるいないに関係なく、トロツキーが口述し私がタイプした手紙や文書に目を通すことがあった。この日も彼女はブルトン宛のリベラの手紙を見つけ、それを読み、トロツキーに見せた。こうして爆発が起ったのである。

トロツキーの「流儀《メトード》」にたいするリベラの苦情というのは、その直前の二つの小さな事実に関するものだった。ブルトン-リベラの宣言文《マニフェスト》の公表後、メキシコでも独立革命芸術家国際連盟（F・I・A・R・I）の微細な核が形成され、「鍵《クラーベ》」という雑誌が発行された。この雑誌の編集会議の席で、ホセ・フェレルという若いメキシコ人が編集長に任命された。この会議に出席していたリベラは何の異議も唱えなかった。ところがブルトン宛の手紙で、リベラはこの任命の一件をトロツキーの《友好的で優しい》クーデターと呼んでいた。もう一点は、この雑誌に載せたリベラの論文が、印刷所での時間ぎりぎりの決断のせいで、トロツキーの関知せぬまま、編集部への手紙として扱われたことである。これはトロツキーの責任であると、リベラはブルトン宛の手紙で述べていた。

この二点を訂正するために、トロツキーは私を介して、ブルトン宛の手紙の書き直しをリベラに要求した。リベラは承諾し、もう一度手紙の口述を行う日時を私に伝えてきた。その約束の時の直前になって、彼は約束を取り消した。そして更に別の日時を指定したが、それもまた取り消された。リベラが感情面で乱れに乱れていたことは明らかである。ブルトン宛の手紙の中の《友好的で優しい》ということばは、リベラがまだトロツキーに牽かれていたことを示している。

ブルトン宛の手紙の書き直しをリベラが拒んだことから、不和は俄かに嵩じた。二人は友好から敵意までの相継ぐ諸段階を一気に駆け抜けた。トロツキーとリベラはお互にもう決して逢おうとはしなかった。第四インターナショナル汎アメリカ事務局のメキシコ駐在員だったチャールズ・カーティスと、私とが、仲立ちをつとめた。一月十二日に、当時パリにいたフリーダへトロツキーは手紙を出し、この仲違いを彼の立場から説明した。フリーダはもちろんリベラの側にとどまった。

トロツキーへの政治的配慮から解き放されたリベラは、すぐさま、いろいろな労働者の小グループとの一連の結びつきへと走った。それらの政治グループあるいは組合グループは、多かれ少なかれトロツキズムに敵対的だった。トロツキーは猛烈に攻撃した。こうして二人の繋がりは完全に断ち切られた。

ちょうどその頃、大統領選挙戦が始まった。憲法の規定によって、カルデナスの再出馬は許されていなかった。それどころか、自分の選んだ候補者を出馬させることすら、カルデナスにはままならないのだった。軍部と財界から押しつけられたのはアビラ・カマチョという候補者で、この人物が本命とされていた。カルデナスの親友であり、信頼の厚かった側近であるムーヒカは、立候補を決意した。カマチョにたいして、ムーヒカは左翼の対立候補となった。第三の候補者はアルマサン将軍で、政府与党に属さないこの人物は右翼の対立候補であった。しかしカマチョはカルデナスに押しつけられた候補者であるという事実のために、情勢は混沌となり、カルデナス支持派の大部分はアルマサンに投票することが予想された。二月になって、リベラはかなり積極的にムーヒカの陣営に身を投じた。トロツキーはこの行為を政治的裏切りと判断した。のちにムーヒカは立候補を取り下げ、リベラはアルマサン支持にまわったらしい。しかしその頃には、リベラは私たちにとってもはや無縁の人物となっていた。

トロツキーとリベラの仲違いの原因

リベラと不仲になったあと、トロツキーはコヨアカンの青い家に住みつづけるわけにはいかなかった。しかし、家賃の安い、いくつかの絶対的な条件を満たすような新しい家を、即座に見つけることはむずかしい。一月末、トロツキーは私を介してリベラに、新しい家が見つかるまで青い家の家賃を払うという提案をした。リベラはそれを断り、それから受諾し、それから再び断った。この一件は仲違いの最終の時期にいっそうの苦々しさを付け加えた。三月になって、私はコヨアカンに新しい家を見つけた。それは家賃は非常に安いが、ひどく荒れた家だった。実のところ、青い家からさほど離れていないビエナ通りのこの家には、だれも住んでいなかったのである。持ち主はメキシコ・シティに住むトゥラーティという商人で、これはもともと郊外の別荘だった。持ち主はたとえ店子がトロツキーだろうと、この家を貸すことに大乗り気になっていた。この家には有利な点もあった。部屋数が割に多く、広い庭があり、四方に塀があり、その一画には当時まだほとんど家がなかったので、周囲を見張ることが容易である。だが床の一部が抜け落ちているので、住める状態にするにはかなり手がかかる。家具を入れる必要もあった。メルキアデスというメキシコの若いトロツキストが、人手を集めて仕事にとりかかった。五月上旬になって、ようやくロンドレス通りからビエナ通りへの引越しが行われた。トロツキーは五月五日に新居へ移った。青い家を去るにあたって、かつての平穏な日々にリベラとフリーダから贈られた二つ三つの小さな品物を、トロツキーはがらんとしたデスクの上に残して行った。そのなかには、フリーダから貰って長いこと愛用していた万年筆も含まれていた。

トロツキーは新しい住居が気に入った。修復されたその家はなかなか魅力的だった。何よりもまず広々とした感じがある。トロツキーとナターリヤの居住部分は独立したかたちになるように部屋が配置されているので、夫妻はプライバシーを確保できる。トロツキーは庭にサボテンを植え、兎小屋を設《しつら》えさせ、毎日午後になると自ら兎の世話をした。

トロツキーとフリーダの一九三七年の恋愛事件は、トロツキーとリベラの仲違いにおいてどのような役割を果したのか。この点を私はしばしば質問される。そして大抵の質問者の訳知りめいた目つきのせいで私には分るのだが、質問者たちは、それこそが仲違いの真の原因なのだと決めてかかっているようである。恋愛事件は直接的にはどのような役割も果さなかったと、ここではっきり申し上げたい。仲違いのメカニズムはすでに詳しく述べた通りである。二点だけ付け加えよう。第一点は、トロツキーとフリーダの間に起ったことをリベラが全く知らなかったということは、フリーダが私に話してくれたのである。もう一点は間接的な推理であって、もしもかつてのトロツキーとフリーダの恋愛関係が仲違いに何らかの役割を果したとするならば、リベラは病的に嫉妬深い男であるから、仲違いの過程は全く異なる様相を呈しただろうということである。私の知る限りでは、リベラが特に疑いを抱いた様子は全くなかった。もちろん彼はトロツキーの知的優位を前にして或る種の居心地のわるさを感じていたかもしれないが、たとえそのような微かな対抗意識を発散させていたとしても、それはトロツキーとフリーダの間に起ったことを詳しく知っていたからではなかった。その点に関し漠然たる疑いを抱いていたからですらなかった。

トロツキーとリベラの仲違いから数年経って、もはやトロツキーの死後に、リベラとフリーダはいったん離婚し、数カ月後に再婚した。何らかの事情でリベラが過去の出来事を知り、そのためにこのような結婚生活の危機が生じたということは考えられる。何かにつけてフリーダを裏切っていたにもかかわらず（あるいは裏切っていたからこそ）リベラの嫉妬は凄まじかった。このことによって、リベラの奇妙な政治的方向転換も説明がつくかもしれない。トロツキーと仲違いした当時、リベラの反トロツキズム的傾向は時にはアナキズムの、時にはリベラリズムの色合を帯びたけれども、スターリニズム的色彩を帯びたことは一度もなかった。そもそも彼はトロツキーのスターリニズム的な面を非難したのだった。そのリベラがトロツキーと切れて暫く経ってからスターリニズムに加担したのは、トロツキーとフリーダの過去の出来事を知り、その際の怒りの発作からとも考えられる。しかしこれは私の単なる推測にすぎない。私はその頃もうメキシコにはいなかった。従って私はいくつかの周知の事実を取り上げ、それに先立つ時期の私の個人的知識とそれらの事実とを一致させようと試みただけである。

「『老人』を信用するな、若者に賭けよ」

一九三九年の六月あるいは七月、トロツキーは私にメキシコ国立図書館へ行き、十六世紀の宗教戦争に関する文献、そしてローマ帝国の滅亡に関する文献を探すよう命じた。トロツキーによれば、それらの亀裂の時代と現代とを比較することは有益であろうという。トロツキーの書斎で話し合ったときの光景がきのうのことのように思い出される。私は立ったままで、トロツキーも私のすぐ前に立っていた。私は彼の考えに異議を唱え、宗教戦争の残虐なエピソードを持ち出した。人間を高い塔から兵士たちの槍衾《やりぶすま》の上に突き落とす話である。トロツキーはひどく悲しげな目つきで私を見つめて言った。「今に分るさ」。トロツキーは正しかった。

図書館で文献を調べていて、私はタキトゥスからの引用文を見つけた。皇帝ネロに仕えたロクスタという毒殺係の女性を、タキトゥスは regni instrumentum つまり「権力の道具」と呼んでいる。トロツキーはこのことばを、ヤゴダあるいはエジョフを論じる際に利用した。

このようなトロツキーの懸念は、合衆国のトロツキスト・グループ内での論争に際して書かれた晩年の論文に、その片鱗が現れている。その論文でトロツキーは社会主義かバーバリズムかという問題に触れている。しかし私の印象では、紙に書かれたものよりも、トロツキーの思想は遥かに先へ進んでいたようである。

トロツキーの話のなかに、あるいは書きもののなかにも、しばしば現れた一つの主張がある。「老人」を信用するな、若者に賭けよ、という主張である。ラコフスキーの屈伏について書かれた一九三四年三月二十七日付の第二の論文で、トロツキーは「六十歳の老戦士は二十歳の若者三人と交替すればよい！」と明言した。一九三九年の六月頃だったと思うが、ある日の昼食の席で、私たちから離れて行った「老人」たちを数え上げるゲームのようなものを、トロツキーは考え出した。新しい名前が出るたびに、彼は左の前腕を突き出し、指を一本ずつ追加する。こうして、アルベール・トラン、ラコフスキー、ヴァン・オーヴェルストラーテンなど、何人かの名前が出た。そのとき、もう一つの名前を思いついた私は、彼がどう反応するか分らなかったので、おっかなびっくり「ロスメルは？」と言ってみた。トロツキーは指をもう一本追加し、力強い声で「ロスメル！」と叫んだ。

アルフレッドとマルグリットのロスメル夫妻は、一九三九年八月八日、セーヴァを連れてパリからコヨアカンへやって来た。夫妻は暖かく迎えられた。トロツキーとロスメルが顔を合せるのは、一九二九年のプリンキポ以来のことである。一九三〇年、トロツキーがレーモン・モリニエに賭けようと決めたとき、トロツキーとロスメルの間に政治的不和が生じたのだった。トロツキーとナターリヤがフランスに滞在した一九三三年から三五年までの間に、ロスメル夫妻との接触は一度もなかった。アルフレッドとマルグリットはコヨアカンの家に落着き、私たちと一緒に食事をするようになった。会話のなかで、トロツキーとロスメルは政治の話もしたが、突っこんだ話は出なかった。一定の線があって、二人は決してその線を越えようとはしないのだった。どちらも過去のことは口に出さず、ましてやフランスのトロツキスト・グループの問題が話し合われることはなかった。八月の終り頃に起った一つの出来事が記憶に残っている。トロツキーは第四インターナショナルに指導委員会のようなものを作ろうと思い立った。これはいわば名誉会員の集まりのようなもので、メンバーはトロツキスト・グループの周辺にいる人物をも含め、有名人ばかりを集めようというのである。この委員会のメンバーとして、トロツキーは例えば陳独秀の名を挙げた。これは中国の有名な共産主義者で、トロツキストになった人物だが、中国のさまざまなトロツキースト・グループを分断する分派抗争からは離れた立場にあった。このようなトロツキーの計画はごく漠然としていて、書かれたものにこの計画の痕跡が残っているか否かは、私にはよく分らない。ある日の午後、トロツキーは私を書斎に呼んだ。彼はこの計画を語り、それからこう言った。「この委員会に参加する気があるかどうか、ロスメルにきみから訊いてもらえないかな」。私はたいそう驚いた。トロツキーの頼みは異様である。トロツキーとロスメルは日に何度も顔を合せていたのだから。二人は同世代であり、遠い過去からの友人同士でもある。私など全く異なる世代の人間ではないか。しかも、私がそんなことを訊くとすれば、それはトロツキーに頼まれてのことだと、ロスメルが気づかぬ筈はない。そしてロスメルが気づくだろうことに、トロツキーが気づかぬ筈はない。私はこの委員会の計画をロスメルに話した。彼は大して気乗りのしない様子で、承諾の意志を表した。結局、この計画は死産に終った。

トロツキーの最期

九月、第二次世界大戦が始まった。私はトロツキーと一緒に短波受信機で、イギリス船が初めてドイツの潜水艦の魚雷攻撃を受け、撃沈されたというニュースを聴いたことを憶えている。何もかもが悪夢の再現といった感じにつきまとわれていた。それから「奇妙な戦争」の時期が始まった。私が感じた限りでは、一九一四年にすでに目撃した破局が又もや繰返されるのを見なければならぬという倦怠感と、数年後にはこの戦争が社会主義革命をもたらすだろうという信念とが、トロツキーの内部では同居していたようである。

十月頃、話のなかでアインシュタインの名前が出たとき、トロツキーは私に言った。「ああ、彼は何よりもまず数学者だ」。これはもちろん不正確である。アインシュタインの思考方法は根本的に物理学者のそれであり、彼は自分が必要とした数学的方法、すでに練り上げられていた方法を数学者たちから借用したのだった。一九二二年頃のロシアではアインシュタインをめぐる論争があり、トロツキーの科白はその論争のこだまなのである。アインシュタインの理論はいわば数学的虚構にすぎず、マルクス主義的唯物論を少しも脅かすものではないということを、当時の人たちは証明しようと試みたのだった。

十月になって、私の合衆国行きが決った。私はあまりにも永いことトロツキーの影のなかで暮したから、少しは一人で生きることを学ばねばなるまい。とりあえず合衆国で数カ月を過し、そのあとは改めて考えるということだった。

十一月五日の早朝、私はコヨアカンの家を発った。その前夜、トロツキーと最後の話し合いをした。私たちはアメリカのトロツキスト・グループの情況について語り合った。このグループは、キャノンを中心とする多数派と、シャクトマンおよびバーナムに率いられた反対派とに分裂し、深刻な危機を迎えていた。トロツキーは、自分と政治的に連帯しているキャノンが、政治的不和の原因を究明すべき場合に、ともすれば組織上の処置を優先させ、少数派の除名に走ることを恐れていた。「キャノンを組織面では制止し、イデオロギー面では大いに押し出すべきだ」とトロツキーは言った。これは一九三三年八月、私を介してレーモン・モリニエに伝えたこととほぼ同じ内容である。

この最後の話し合いで、トロツキーは私に何らかの「指令」を与えたわけではない。ニューヨークでは私は新参者であり、そのような指令を実行に移すことはきわめて困難となるに違いない。トロツキーは自分が情勢をどのように見ているかを、そして私が私なりのやり方でどのような方向に進むべきかを、説明しただけである。ともあれ、この話し合いの内容はすでに現実の事件に追い越されてしまっていた。私がニューヨークに着いたとき、分裂は既成事実と化していたのである。

私がコヨアカンを発ってから、トロツキーが暗殺されるまでの数カ月間については、従来公表され世に広く知られている事実以外に、語るべきことは大してない。私は定期的にトロツキーに手紙を書き、アメリカのトロツキスト・グループの分裂後の状態を報告した。ゲ・ペ・ウに遠隔操作された未来の暗殺者ラモン・メルカデルは、パリでアメリカの若いトロツキスト、シルヴィア・エイジロフに接近し、彼女の愛人になった。これは巧みな選択だった。というのは、彼女の妹のルース・エイジロフはトロツキーにたいそう信頼されていたのである。ルースはデューイ委員会の開催中、メキシコに滞在し、翻訳したり、タイプを打ったり、資料を集めたりして、私たちに大いに力を貸してくれた。コヨアカンの家に住みこんだわけではないが、何週間ものあいだ、ほとんど毎日のように通って来て、私たちと生活や仕事を共にした仲間である。ルースはトロツキーにすばらしい女性という印象を残していたから、ルースの姉もまたトロツキーとナターリヤに暖かく迎えられぬ筈はなかった。トロツキーの書斎に暗殺者が侵入することを許したさまざまな状況を繋ぐ、もう一つの鎖の環は、ロスメル夫妻の果した役割である。一九四〇年にしばしばコヨアカンの家を訪ねたアドルフォ・サモラが、一九七二年に私に語ったところによれば、ロスメル夫妻は、殊にマルグリットは、ラモン・メルカデルにぞっこん惚れこんでいた。夫妻はメルカデルにたびたび雑用を依頼し、言うまでもなくメルカデルはそれをいつも快く引き受けた。メキシコ・シティとその周辺は交通がかなり不便である。メルカデルはいつも自分の車でロスメル夫妻をあちこちへ連れて行った。その他にも一緒に遠出をしたり、セーヴァをピクニックに連れ出したりした。マルグリットはナターリヤとたいそう仲が良かったから、ロスメル夫妻とメルカデルのこの親交は、ある程度まで、この人物にたいする信頼をナターリヤに、ひいてはトロツキーに植えつけずにはおかなかった。

いまだに不思議でならないことが一つある。なぜメルカデルの話すことばがロスメル夫妻に疑いの心を起させなかったのだろう。メルカデルはベルギー人と自称していた。ところが、メキシコの司法当局に保存されている文書によれば、メルカデルのフランス語にはスペイン風の語法が点々とまじっていた。ベルギー人のフランス語と、スペイン人の話すフランス語とでは、パリ人のことばと比べて、相違点がそれぞれ異なるのである。ロスメルはフランス人であるから、フランス語にとことんまで通じていることは言うまでもなく、かなり立派な文章さえ書いたこともあった。どうしてメルカデルの喋り方に気づかなかったのだろう。

一九四〇年八月。私はボルティモアでフランス語を教えていた。二十一日の朝、街へ出た。ニューヨーク・タイムズ紙の束が歩道に積み重なっていた。私は通りかかって、ふと見出しに目をとめた。第一面のまんなかに《トロツキー瀕死の重傷、自宅で〝友人〟に襲われ》。私は暫く街を歩いてから、ラジオのニュースを待った。アナウンサーの声が語った。「今日、メキシコ・シティで、レオン・トロツキーが亡くなりました」。目の前が真っ暗になった。

あとがき

　トロツキーの死後、私はトロツキズムの陣営で七年間、活動を続けた。一九四八年、プロレタリアートの役割と政治的能力に関するマルクス・レーニン主義的構想は、甚だしく現実と食い違ってしまったように私には見え始めた。ちょうどその頃、目を閉じ耳を塞ぐことを望まぬ人びとは、スターリンの広大な収容所世界の存在を知った。その衝撃をきっかけとして、私は過去の再検討を始め、やがて疑問にぶつかった。そもそもボリシェヴィキはあらゆる世論を抹殺し、取返しのつかぬ警察国家を作り出すことによって、スターリニズムという巨大な毒キノコが発生する土壌を準備したのではなかっただろうか。私は自分の疑問を反芻し続けた。何年もの間、数学の研究だけが精神の均衡を保つ唯一の方法だった。ボリシェヴィキのイデオロギーは、私にとって、すでに崩壊していた。私は第二の人生を築き上げなければならなかった。

トロツキー関係の書き物における誤りの指摘

＊本項は一九八四年刊の単行本に掲載されたものを転載しています。

以下の指摘はトロツキーに触れた書き物に見られるいくつかの事実関係の誤りを正そうとするものである。これらの指摘は事実関係のみに限られ、個人的見解や思想上の議論は対象としていない。そしてまた誤りのすべてを網羅するものでもない。毎日のように新たな書き物が現れて、新たな誤りをもたらし、あるいは古い誤りを繰返す。この分野では並々ならぬ慎重さというものが必要であることを、私はこれらの指摘によって真面目な読者に伝えたいと思うのみである。ここでは全亡命期間を扱った書物を初めに書き、次に特殊な一時期を扱ったものを年代順に並べた。

ヴィクトル・セルジュ「レオン・トロツキーの生と死」

Victor Serge, *Vie et mort de Léon Trotsky*, II, Maspero, 1973; *The Life and Death of Leon Trotsky*, New York, 1975.

この本でかなりの長さにわたる引用符内の部分は、ナターリヤ・セドーヴァによって書かれた。その部分には貴重な情報が含まれているけれども、ナターリヤは明らかに「反対派会報」の合冊本と、その他数点の書物だけを頼りにこの部分を書いたようである。彼女は記憶をよみがえらすために古い文書を参照する機会に恵まれなかった。従って彼女の文章には不正確な所があり、特に年月日については明白な誤りがある。ところで、私の知っている限り、ナターリヤはこのようなかたちで公表するためにこれらの文章を書いたのではなかった。

一七頁。《Hoertel》を《Donzel》に変えよ。

一八頁。《彼はレーニンの学問的伝記を書き始めた》。前後関係から、これはプリンキポでのことと読めるが、事実はそうではなかった。

四三頁。《デンマーク学術協会に招かれて……》。これは実は学生の団体だった。

四四頁。《私たちは何人かの友人たちと一緒に自動車でフランスを横切った。イタリア政府は私たちにジェノヴァでの乗船を許可したが、ムッソリーニの手先は私たちにイタリアからの退去を急《せ》かせるあまり、貨物船に乗りこむことを要求してきた》。この数行のなかにたくさんの誤りがある。ナターリヤはジェノヴァとマルセーユを混同し、トロツキーへの理不尽な要求の責任者を、フランス政府ではなくイタリア政府だとしている。フランス横断は車でではなく、鉄道によって行われた。コペンハーゲン旅行の帰り道については私の文章を見よ。

四五頁。《一九三二年の終りの数カ月は、私たちには、ボスポラス海峡のともしびの下、不安な雰囲気のなかを流れて行った。偶然の火事はレフ・ダヴィドヴィチの蔵書と、革命時代の私たちの写真のアルバムのすべてを焼きつくしたのだった》。この火事は一九三二年ではなく、一九三一年二月二十八日から三月一日にかけての深夜、午前二時に発生したのである。この火事による損害については私の文章を見よ。《ボスポラス海峡のともしび》とは不可解な話である。御承知の通り、ボスポラスは両側を陸地に挟まれた海峡であり、プリンキポからは全く見えない。この部分のロシア語の原文を見たいものである。

四六頁。《西ヨーロッパの生活に適応できなかった彼女〔ジーナ〕にとって、ソビエト国籍を失ったことは、盃の酒をあふれさせる最後の苦悩の一滴だった》。これはベルリンでジーナと親しくしていたジャンヌ・マルタンの話とは一致しない。ジャンヌによれば、ジーナは《ロシアに帰りたがるどころか、帰る気は全く》なかった。私の本文を見よ。

四七頁。《Hoertel》を《Donzel》に変えよ。

四八頁。《小さな家》とあるのは、実はかなり広い別荘だった。《〔バルビゾンでトロツキーは〕人相を変えるために、濃い灰色の山羊ひげを剃り落した》。事実は、十月九日、ピレネー地方へ出掛ける一時間前に山羊ひげを剃り落したのである。バルビゾンでは再びそれを生やし始めていた。これはトロツキーのとっておきの変装方法で、彼自身「最後の手段」と称していた。クレメントの《自転車》は実は軽オートバイ、現在「モーターバイク」と呼ばれているものだった。

四九頁。《私たちはパリで数日間、身を隠した（一九三三年末）》。一九三四年四月、トロツキーはバルビゾンからラニーへ行き、そこで数日を過してから、車でシャモニーへ案内された。《何日かの間、私たちはペンションに泊った》。時間的順序がさかさまである。このペンション滞在は、サン＝ピエール＝ドーシャルトルーズに居を定める前のことだった。この頁全体については、私の本文を見よ。

四九頁。《私たちの滞在許可証は期限が切れかけていた》。滞在許可はバルビゾンでの出来事の直後に、つまり、ボー氏の家に滞在する遥か以前に取り消されていた。この頁全体において時間的順序は混乱している。

五〇頁。《私たちはボー氏の家を去り、リョーヴァとその妻がパリ郊外に借りてくれた小さな荒廃した家に、暫くのあいだ滞在した》。この《小さな家》はラニーの別荘で、トロツキーとナターリヤは一九三四年四月に、つまりボー氏の家へ行く前に、ここで数日を過しただけである。この別荘をリョーヴァが借りたのは、バルビゾンでの出来事のずっと前のことだった。これは緊急の場合に備えて確保されていた住居であり、ここに定住していた者はいなかったが、ジャンヌはときどきこの別荘を使っていた。従って別荘の内部は多少汚れていたかもしれないが、《荒廃》ということばは全く当らない。トロツキーとナターリヤはボー氏の家を出てから、ノルウェーへ行く途中でパリに立ち寄り、ジェラール・ロザンタールの父親、ロザンタール博士の住居に何日か泊った。これらの事実はトロツキー自身の日記に語られている。私の本文をも見よ。

五〇頁。《ベルギー政府（ヴァンデルヴェルデ）は私たちが美術館を訪れるためにアンヴェルスで一日を過すことさえ許可しなかった》。ナターリヤはここで一九三五年六月の情況と、一九三二年十二月のコペンハーゲン旅行の帰りの出来事とを混同している。一九三五年六月、私たちのアンヴェルス滞在は全く自由だった。トロツキーはベルギーのトロツキストその他の人びとと会談した。私の文章を見よ。

五四頁。ラコフスキーがスターリンに屈伏した時期を、ナターリヤは一九三五年としている。これは実は一九三四年三月のことだった。

五八頁。《レフ・ダヴィドヴィチは「裏切られた革命」を書き終えたところだった。見渡す限り、春は若葉をもたらし……》。「裏切られた革命」の脱稿は一九三五年八月五日だった。

六九頁。《私はただ一人の知人フリーダ・カーロの顔を見失うまいと努めた》。この場にはナターリヤが何年も前から知っていたマックス・シャクトマンがいた。フリーダと彼女とは初対面の直後だった。

八二頁。《アルバート・ゴールドマン以外の委員会の構成は……》。ゴールドマンは委員会の一員ではなく、トロツキーの弁護士だった。

八八頁。リベラがトロツキーにリョーヴァの死を伝える場面はあまりにも劇的に描かれている。私の記憶では、事はもっと事務的に運んだのだった。私の文章を見よ。

一一三頁。《光はバルコニーの窓から入って来るが、仕事中のレフ・ダヴィドヴィチは窓に背を向けていた》。このナターリヤの誤りは不可解である。実際にはトロツキーは壁に背を向け、光はトロツキーの左側から入って来た。私がこの指摘を書いている現在も、ビエナ通りの家は当時のまま保存されている。ナターリヤはもちろんトロツキーの机の位置をよく知っていた。これはひょっとすると翻訳の誤りだろうか。

一一五頁。ナターリヤはセディージョ事件をビエナ通りに引越したあとのこととしている。この事件が起ったのは一九三八年六月であり、その頃、私たちはまだロンドレス通りのリベラの家にいた。

一一六頁。《ディエゴ・リベラは結局アルマサン将軍の徒党に迷いこんだ。アルマサンはすでに広範囲にわたる扇動的運動の火蓋を切り……》。このこと自体は嘘ではないのだろうが、これがトロツキーとリベラの仲違いの原因であるかのように述べられているのは全くの誤りである。私の文章を見よ。

アイザック・ドイッチャー『追放された予言者・トロツキー』

Isaac Deutscher, *The Prophet Outcast: Trotsky, 1929-1940*, vol. III, New York, 1963; *Trotsky, III, Le prophete hors-la-loi*, Julliard, 1965; *Trotsky, el profeta desterrado (1929-1940)*, III, Ediciones Era, México, 1969.（邦訳、新潮社版、一九六四年。以下の頁は新潮社版による）

ドイッチャーのこの本には事実関係の多くの誤りが見られる。一部のエピソードを著者が直接見聞する立場になかったことは、別段だれに責められるべき筋合のものでもなかろう。だが驚いたことには、そのようなエピソードを語る著者の文章は詳細であり、しかも間違っているのである。資料によって書かれた部分にすら誤りは少なくない。年月日の誤りは一連の矛盾を誘発し、その辻褄合せは苦しそうである。人物や、トロツキーの生活に関連した方々の地名など、二ダースあまりの固有名詞の綴りは終始一貫間違っている。私の印象としては、ドイッチャーの資料の用い方は、入念に資料を比較検討する歴史学者というよりも、ただの穴埋めに大急ぎで情報を漁るジャーナリストのそれに似ているようである。物事を詳細に研究しようと思う読者には、決してドイッチャーの文章のなかの日付や情報を鵜呑みにしてはいけない、必ず読者自身で確かめるようにと、私は忠告する。以下に列挙するのは誤りの一部にすぎない。ドイッチャーのこの本のフランス語版に途方もない誤訳が含まれていることも申し添えておこう。

二二頁。トロツキーがイスタンブールの領事館からプリンキポの別荘へ移ったように、ドイッチャーは書いているが、これは事実に反する。私の文章を見よ。《プリンキポ諸島》というのは不正確である。プリンキポとは一つの島の名前である。《三月七日、または八日に》という日付も不正確である。一般に、トロツキーの住居の移り変りについて、ドイッチャーの叙述は非常に混乱している。

三九頁。《だんだん家族の一員になっていたふたりのトルコ人の漁夫をつれて、よく長い船の旅に出た》。この記述は事実と虚構の中間にある。朝の沖釣については本文ですでに述べた。戸外で夜を過すような遠出はきわめて稀だった。たぶん一度しかなかったと思う。いつも同行した漁師はハラランボスである。初めの頃、彼の父親も何度か釣に同行したが、やがて全然来なくなった。ハラランボスもその父親も私たちの家に住みこんだことはない。この父子は形式上はトルコ国民だが、二人とも実はギリシャ人だった。

四〇頁。《別荘の門に配置された警備の警官たちは、自分たちが警備している人物にすっかり愛着を感じて、自分たちもまた家族の一員となり、使い走りをしたり、家の雑用を手伝ったりした》。私はプリンキポにいた間そんな光景を見たことはなかった。実際は、必要最小限のこと以上にトルコ警察との接触をふやさぬよう、私たちはいつも気をつかっていた。トロツキーがトルコ人の警官と親しくしたことは一度もなかった。

四二頁。ソボレヴィシウス兄弟はゲ・ペ・ウに育てられたスパイではなく、単なる転向者だったという誤った説を、ドイッチャーは安易に受け入れている。

四二頁。《プリンキポ時代をつうじて、トロツキーの財政状態は、かれが予期していたよりははるかに楽だった》。プリンキポ滞在の初期にはそうだったが、終り頃の事情は全然そうではなかった。

七四頁。《……アメリカ人ミルを……》。ミル（オービン）はウクライナ出身のユダヤ人だった。彼はアメリカ大陸に足を踏み入れたことはない。

七四頁。トロツキズム運動における分派抗争について、ドイッチャーはこう書いている。《関係人物は一般にちっとも有力な人間ではなく、紛争の問題は取るに足らず、喧嘩そのものは飽きあきするほど退屈なものばかりで、トロツキーが巻きこまれている場合でさえ、かれの伝記にわざわざ書きこまれるだけの意義はない》。トロツキーがこの問題に自分の時間と精力の最良の部分をさいたことは、私は何度でも繰返して証言する用意がある。伝記作者がこの側面を無視する決意を述べるとは、実に奇妙な話ではないか。

一一一頁。ドイッチャーはヤコブ・フランク（グレーフ）を《トロツキストの経済学者》と呼び、彼がゲ・ペ・ウに所属していたという問題には全く触れていない。

一六六頁。《……ビュユッキ・アダの家がまた住めるようになるまで……》。トロツキーはイゼット・パシャ荘には戻らなかった。

二九五頁。《かれは七月二十五日から十月一日まで、サン＝パレに滞在した》。トロツキーがサン＝パレを去ったのは十月九日の昼近くである。

二九六頁。トロツキーがスパークやルート・フィッシャーと逢った場所はサン＝パレではない。すでにバルビゾンに住み始めてから、パリで逢ったのである。

三〇二頁。《バルビゾンでしばしばフィッシャーの訪問をうけ……》。トロツキーはパリでルート・フィッシャーと逢った。彼女がバルビゾンへ来たことはない。

三〇六頁。《地区の検事が、憲兵の一隊とパリの報道記者たちにともなわれながら、トロツキーを訊問しにやってきた》。もちろん記者たちが検事と一緒に来たという事実はない。

三〇七頁。《パリに行って、ある貧しい学生の屋根裏部屋で、リョーヴァといっしょに数日過した》。全くの作り話である。私の文章を見よ。この一ページほどは誤りだらけである。

三六二頁。《司法大臣は……ヤン・フランケルの追放を命令した》。不正確である。フランケルのノルウェー退去については私の文章を見よ。しかも《Fraenkel》は

《Frankel》でなければならない。

四二五頁。トロツキーとフリーダ・カーロの関係については私の本文を見よ。

四三九頁。ディエゴ・リベラがどんなふうにリョーヴァの死の知らせをトロツキーに伝えたかは、私の本文を見よ。トロツキーが《怒りを爆発させ、リベラを追いかえそうとした》というのは不正確である。

四四六頁。《一九三九年十月になって、ついにロスメル夫妻は子供〔セーヴァ〕をコヨアカンへつれてくることができたのだった》。ロスメル夫妻がセーヴァを連れてコヨアカンへ来たのは、一九三九年八月八日だった。ドイッチャーの誤りは四九三頁でも繰返されている。

四七三頁。《アンドレ・ブルトンは一九三八年二月に、コヨアカンへやってきた》。ブルトンは四月末にメキシコへ来た。ブルトンの到着を二月としたことから混乱が生じている。ドイッチャーは四七四頁で《ブルトンの訪問は、リョーヴァの死やブハーリンの裁判と偶然かち合った》などと書く。これは全くの間違いである。

四八七頁。トロツキーとディエゴ・リベラの仲違いに関するドイッチャーの説明は、全くの間違いである。私の本文を見よ。

五二一頁。キャノンにたいしてよりも《個人的な立場では、シャクトマンにずっと近しい気持をもっていた》。このことは証明されてはいないと私は思う。

フランシス・ウィンダム、デイヴィド・キング共著『記録トロツキー』

Francis Wyndham and David King, *Trotsky, a documentary*, New York, 1972.

一二六頁。左下の写真はトロツキーの顔つきから判断して明らかにトルコ滞在中のものではない。これは実は一九四〇年の初め、ベラクルス沖へ釣に出たときの写真である。

一二七頁。《ビュユッキ・アダの別荘、一九二九年から三三年までのトロツキーの住居》。不正確である。トロツキーはこの家に一九三二年一月半ばから一九三三年七月十七日まで住んだ。トルコでのトロツキーのさまざまな住居については私の本文を見よ。

一二九頁。トロツキーの隣に立っている人物（ベレー帽をかぶっている）はアンリ・モリニエである。うしろに立っているのはヤン・フランケル（中折帽をかぶっている）。文章の中の《オスカル・コーン》は《オットー・シュスラー》に訂正せよ。

一三二頁。《ピエール・ナヴィルと、レーモン・モリニエは、パリで敵対し合う二つのトロツキスト・グループをそれぞれ主宰していた》。不正確である。ナヴィルとモリニエは当時、およびその後数年間は、まだ同じ組織にいた。《九日後までコンスタンチノープル行きの船はなく、夫妻は再会した息子と少しでも長い時を過したかった。だがフランス政府は好ましからざる客を追い出すことに夢中であり、トロツキー一行は行き当りばったりの外国行きの汽車に乗せられた。その汽車の行先はたまたまヴェネツィアだった》。これは事実とは違う。私の本文を見よ。一三三頁の写真説明は《一九三三年》を《一九三三年八月》に変えるのが適当。

一三三頁。《七月、孤立した小人数の国際左翼反対派は国際共産主義者連盟（ボリシェヴィキーレーニン派）、として生れ変った……〔トロツキーの〕支持者たちは彼の居住許可を獲得すべくキャンペーンを再開した……条件は、彼が南フランスにとどまり、決してパリを訪れぬこと、そして変名を用い、警察の監督に従うことであった……〔トロツキーは〕大部分の時をベッドに横たわって過した》。すべて不正確である。私の本文を見よ。右欄の《十月一日》を《十月九日》に変えよ（二カ所）。《一カ月後》を《十一月一日》に変えよ。

一三四頁。《小さな公園の奥に隠されて》。公園ではなく庭といったほうが正確である。しかもこの家は道路のすぐそばにあり、道路からよく見えた。この家は《見張りに守られて》いなかった。トロツキーの行先は《パリ》ではなくて《ラニー》であり、トロツキーは《ヴァン・エジュノールとモリニエに伴われて》はいなかった。この間の事情については私の本文を見よ。

一三六頁。《ルイ》を《ラニス》に変えよ。トロツキーは《同行者もなく、全く一人で》旅行したのではない。私の本文を見よ。

一三八頁。《モリニエはしばしばプリンキポを訪れていたので、リョーヴァとジャンヌの出発によってある種の気まずさが避けられた》。レーモン・モリニエは当時プリンキポよりもむしろベルリンへ頻繁に行っていたのであり、従って右の一節は馬鹿げている。《プリンキポにおけるリョーヴァの地位はジーナによって占められたが、彼女はその地位にふさわしい仕事をすることができなかった》。誤解を招く断定である。リョーヴァの地位を継いだのはむしろヤン・フランケルだった。《一九三三年一月》を《一九三二年十二月》に変えよ。《彼の到着の一週間後》は不正確である。

一三九頁。写真説明《一九三三年十一月、バルビゾンで》を《一九三三年八月、サン＝パレで》に変えよ。

一四〇頁。《三十》を《六十》に変えよ。

一四二頁。《司法大臣トリュグヴェ・リーはトロツキーの秘書の一人ヤン・フランケルの追放を命じた》。不正確である。私の本文を見よ。なお《Fraenkel》は《Frankel》でなければならない。

一四三頁。《トロツキーは友人のディエゴ・リベラを思い出した》。不正確である。私の本文を見よ。

一五〇頁。写真説明の《リーバ・ハンセン》を《パール・クルーガー》に変えよ。

更に、この写真が撮られた時点では、《リーバ・ハンセンの夫ジョゼフはメキシコでのトロツキーの秘書の一人だった》というのは事実に反する。

一五一頁。アンドレ・ブルトンが《一九三八年二月に来て、青い家に滞在した》。第一に、ブルトンがコヨアカンの家に滞在したことはない。第二に、彼がメキシコへ来たのは四月下旬である。

一五二頁。《だがトロツキーがブルトンとの交際で味わっていた文化的な楽しみは、パリからの知らせによって荒々しく断ち切られた》。全くの作り話である。ブルトンのメキシコ訪問は、リョーヴァの死から二カ月以上も後のことだった。

一五三頁。リョーヴァは《エチエンヌに説得された》。事情はもう少し複雑である。私の本文を見よ。

一五四頁。写真説明の《十月二十六日》を《十一月七日》に変えよ。上の写真の中央の四人は、ラーエ・スピーゲル、アントニオ・イダルゴ、ナターリヤ、トロツキーである。

一五六頁。《一九三九年前半》を《一九三八年後半》に変えよ。もう一つ、《極右の候補者を公然と支持し》という一節は間違いである。私の本文を見よ。

一五七頁。左欄の一―二四行。この部分はすべて歪められている。私の本文を見よ。更に全体にわたって以下の固有名詞の綴りが間違っているエイジロフ（Ageloff）、カルデナス（Cárdenas）、コヨアカン（Coyoacán）、ドメーヌ（Domène）、フランケル（Frankel）、ヘーネフォス（Hønefoss）、ヴェクサル（Wexhall）。

セアラ・ウィーバー（ジェイコブズ）『トロツキーの思い出』

Sara Weber（Jacobs）„Recollections of Trotsky," *Modern Occasions*, Spring 1972, pp. 181-194.

一八一頁。《ロシア人の秘書は彼〔トロツキー〕の許を離れようとしていた》。マリヤ・イリイニシナは仕事をやめるつもりはなかった。私の本文を見よ。《私は五月初めにイスタンブールに着いた》。六月半ばというほうが正しい。

一八二頁。《電流を通した高い塀が家を取り巻いていた》。残念ながら、そういうものは全然なかった。

一八三頁。《ただの散歩さえ問題外だった》。セアラ・ウィーバーが到着した当時、トロツキーは釣に出掛ける代りに、島内の人家の疎らなあたりへよく午後の散歩に出た。

アンドレ・マルロー『トロツキー』

André Malraux, Trotsky, *Marianne*, 25 avril 1934; *The Modern Monthly* 9（1935）: 37-

41.

三頁。《彼〔トロツキー〕は間もなく執筆にかかる予定の「レーニン」について私に語った》。時期が混乱している。マルローがサン＝パレを訪れた時点では、トロツキーはまだレーニンに関する本を書く予定を立ててはいなかった。その頃トロツキーが考えていたのは全然別のことである。マルローはトロツキーの執筆活動について後に知ったことを、一九三三年八月という時点に当てはめているのである。マルローがこの文章を書いた一九三四年春には、トロツキーは確かにレーニンに関する本を書き始めていた。

三頁。《彼は六十歳で、重い病に苦しめられていた》。マルローのサン＝パレ訪問当時、トロツキーはまだ満五十四歳になっていなかった。その頃、健康を害してはいたが、「重い病に苦しめられてい」るような状態ではなかった。

ジャン・ヴィラール『アンドレ・マルローとの対話』

Jean Vilar, Un entretien avec André Malraux, *Magazine littéraire*, juillet-août 1971.

マルローは一九三四年にトロツキーに逢ったと何度も繰返している。両者の出逢いは、私が本文に記した通り、一九三三年八月初めのことだった。マルローは自分のいくつかの見解を正当化するために（私はその点をここで論じるつもりはない）《一九三四年当時トロツキーは「レーニン」を執筆中で、他のことは眼中になかった》と明言している。一九三四年のトロツキーの著作リストを一瞥すれば、この断言の空しさは明白であろう。

その少し先でマルローは、トロツキーが《スペインを防衛すべきではない》と言ったと明言している。対談の記録が正確であるとすれば、この瞬間のマルローの誠意を私は疑う。

ジャン・ラクチュール『マルローとトロツキー』

Jean Lacouture, Malraux et Trotsky, *Le Nouvel Observateur*, 7 mai 1973.

マルローのサン＝パレ訪問の一九三三年七月二十六日という日付は誤りである。八〇頁、ナヴィルがプリンキポを初めて訪ねたのは一九三二年ではなくて、一九二九年である。

フリッツ・シュテルンベルク『トロツキーとの対話』

Fritz Sternberg, Entretiens avec Trotsky, *Le contrat social*, 8 (1964), 203-210; *Survey*, no. 47 (April 1963): 146-159.

二〇三頁。《一九三四年のフランスで、私は約一週間をトロツキーとともに過すことになった》。シュテルンベルクがサン＝パレに来たのは一九三三年八月末日頃で、帰ったのは九月二日あるいは三日だった。シュテルンベルクのこの文章では《一九三四年》を《一九三三年》に改めるべき箇所が多い。

二一〇頁。《アクション・フランセーズのテロリストたちが絶えず脅迫状を送りつけてくるというのに、彼〔トロツキー〕の住んでいた家は、前にも言った通り、警官に守られてさえいなかった》。それらのテロリストたちは一般フランス人同様、そのときのトロツキーの住所を知らなかった。しかも郵便物はサン＝パレの家に直接配達されなかった。

ジャン＝ジャック・マリ『トロツキズム』

Jean-Jacques Marie, *Le Trotskysme*, Paris, 1977.

七一頁。《トロツキーは……パリでの八月二十七、二十八両日の会議に加わった》。一九三三年七月二十六日から十月九日まで、トロツキーはサン＝パレを離れなかった。七三頁。「真実《ラ・ヴェリテ》」創刊者たちのなかに誤って私の名前が記されている。私が共産主義者連盟に入ったのは一九三二年のことである。

シモーヌ・シニョレ『昔のノスタルジー今はなく』

Simone Signoret, *la Nostalgie n'est plus ce qu'elle était*, Le Seuil, Paris, 1976.

七三頁。《〔イヴ・アレグレは〕バルビゾンでトロツキーの秘書を務めた四、五人の若者たちの一人だった》。全くの作り話。

ピエール・ブルエ『ドーフィネ地方におけるトロツキーの秘密活動（一九三四―一九三五）』

Pierre Broué, L'action clandestine de Trotsky en Dauphiné (1934-1935), *Cahiers d'histoire*, 13 (1968), 327-341.

これはまじめな研究論文であり、トロツキーのドメーヌ滞在に関するアイザック・ドイッチャーのきわめて軽率な、また重大な誤りを含む判断を訂正するものである。私は二カ所について指摘するにとどめよう。一九三四年二月からバルビゾン事件（一九三四年四月十四日）までの間、トロツキーが《ほとんど連日》パリへ出向いていたという断言（三二七頁の註三）は正確ではない。これはむしろ《ほとんど毎週》と言い換えるべきであろう。それらの外出のために《トロツキーはひげを剃り落した》とブルエが書いているところからすれば、この断言は、バルビゾン事件のあと、トロツキーがラニーにいた時期に関するものであるに違いない。四月十五日にバルビゾンを去るにあたって、トロツキーは山羊ひげを剃り落し、私が本文で述べたように、ラニーで数日を過してから、アルプス地方へ向けて出発したのだった。ラニーからならば《ほとんど連日》パリへ出向くことはたやすかった。もう一つ指摘したいのは、ドメーヌ滞在中、トロツキーが国際書記局の仕事を仔細に見守り、その決定に参加し、日常的にかなりの量の通信を各国の同志たちと取り交していたということである。パリとドメーヌの間の行き来は頻繁だった。リョーヴァ、ジャンヌ、レーモン・モリニエ、そして私は、しきりに往復し、毎回パリで受け取った郵便物をトロツキーに届けた。トロツキーの活動のこのような側面はブルエの論文には現れていないが、これはたぶんブルエの守備範囲外のことなのだろう。

フレッド・ゼレール『おやじさんの肖像』

Fred Zeller, Un portrait du《Vieux》, *Le Monde*, sélection hebdomadaire, du 10 au 16 arvil 1969, p. 12.

《彼はそれまでに狂暴な敵の企んだ四十一回の暗殺計画を巧みに切り抜けてきた》。四十一回とはもっともらしい数字である。それでなくとも現実は充分に劇的であるというのに、どうしてこんな法螺話が必要なのだろう。

フレッド・ゼレール『終りは中断符』

Fred Zeller, *Trois points, c'est tout*, Laffont, Paris, 1976.

ゼレールのノルウェー時代のトロツキー訪問記は、驚くほど新鮮で、自然で、正確な叙述を数多く含む。しかしゼレールはどこかで読んで得た知識を、自分の印象に付け加えたり、混入したりしている。真正のものとそれ以外のものとを識別するには、トロツキーの話し方に馴れた耳がどうしても必要である。

一〇一頁。《一九三四年にフランスの急進的な政府によって追放された彼〔トロツキー〕はノルウェーの「社会主義的」政府に受け入れられ、楽隊と赤旗と歓呼する群集に迎えられて華やかにノルウェー入りした》。全くの創作である。私たちのオスロ上陸はあっけなく、平凡だった。私の文章を見よ。しかもトロツキーがフランスを去ったのは一九三四年ではなく一九三五年のことであり、当時のフランス政府は《急進的》どころではなかった。

一〇一頁。ノルウェー政府が《トロツキーとナターリヤを引き離した》というのは事実に反する。

一〇四頁。《長女ジーナは次女と同じくドイツで自殺した》。もちろんトロツキーの次女はドイツで自殺したのではなく、結核のためにモスクワで病死したのである。

一二四頁。《彼〔ピヴェール〕がバルビゾンへ訪ねて来たとき……》。ピヴェールがバルビゾンを訪ねたことはない。トロツキーとピヴェールが逢った場所はドメーヌである。

エドモンド・テイラー『レオン・トロツキーの台頭と没落と台頭』

Edmond Taylor, The rise and fall and rise of Leon Trotsky, *Horizon* 13, (Spring 1971): 34-43.

四三頁。写真の中の《氏名不詳の支持者》はアントニオ・イダルゴである。この写真は《一九四〇年》ではなく、一九三七年初めに撮影された。

アンドレ・ブルトン『対話録』

André Breton, *Entretiens*, nouvelle édition revue et corrigée, 1969.

一八七頁。《この家の入口の両脇には、五十メートルほどの距離を置いて、二つの哨舎があり、そこには五、六人の兵士が常駐していた。すべての車を止めて点検することが彼らの任務だった》。入口の正面、道の反対側に哨舎は一つあっただけである。そこにいた警官たちは通りかかったすべての車を止めたわけではない。この家の前で止る車や、この家に近づく人間に、彼らは関心を示した。

一八八頁。《……彼〔トロツキー〕の精神構造は、例えば一どきに三つの論文の口述を行うことを可能にした》。一体ブルトンはどこからこんな情報を得たのだろう。少なくとも私は絶対にこんなことは言わなかった。実際には、トロツキーは何によらず勤勉かつ集中的に事を行う人であり、一度に一つ以上のことをせざるを得ない情況に追いこまれそうになると、むしろ腹を立てた。

コヨアカンのフリーダ・カーロ美術館

トロツキーとナターリヤが住んでいたコヨアカンのロンドレス通りの家は、フリーダ・カーロを記念するための美術館に変えられた。時には偽りの掲示をしてまで（《一九二九年から五四年までディエゴとフリーダはこの家で暮した》）、この家にトロツキーが滞在した痕跡を消し去るべく、あらゆる努力が傾けられている。デューイ委員会が開かれた場所もこの家だが、それを思い出させるようなものは何一つ残されていない。トロツキーとナターリヤが二年余りも寝室として使った部屋には、まるで何かの脱糞の跡のように、スターリンの小さな胸像が置かれている。

訳者あとがき

トロツキーが一九二九年にソビエトから追放され、トルコ、フランス、ノルウェーと居所を移して、最後にはメキシコのコヨアカンで暗殺されるまでの約十一年間、ヨーロッパ各地やアメリカから馳せ参じた若いトロツキー支持者たちが、この革命家と起居を共にして、通信連絡、口述筆記、書類の整理、論文やパンフレットの翻訳、身辺警護、その他の雑用など、奉仕活動を行った。それらの青年秘書たちのなかで最も長期間にわたってトロツキーに協力した者の一人が、パリ出身のヴァン・エジュノールであり、本書はこの人物による回想記である。

一九一二年生れのヴァン・エジュノールは、本文中にも書かれているように、一九三二年、二十歳でパリのトロツキスト・グループに加わり、同じ年、推挙されてトルコ領プリンキポ島に亡命中のトロツキーの許へ赴いた。トロツキーが暗殺されたのちは、「あとがき」に述べられているように、ボリシェヴィキのイデオロギーそのものに疑問を抱き、政治活動から退いて、学問の世界に入った。現在は記号論理学を専攻する学者として知られ、ボストン近郊のブランダイス大学の名誉教授である。

著者が数学者であるためだろうか、本書は通常の回想記とはまるで違う、時には異様に見えるほどの厳密さによって読者を驚かせる。多少のわずらわしさなど意に介さぬように、著者はさまざまな出来事の時と所を一々詳しく明示する。年月日や時刻までもが可能な限り書きとめられ、著者自身の体験や見聞と他人からの伝聞や風聞とは峻別される。推測の部分はそのむねを明記され、多様な解釈を許す事実はそのようなものとして率直に述べられ、ほのめかしや思わせぶりはその片鱗さえ見あたらない。何よりも大方の回想記につきものの感傷や自己弁護または自慢がほとんどないことには驚かざるをえない。乾いた、論理的かつ叙事的な文体である。このような著者の特色が明瞭に表れている部分の一つとして、巻末の「トロツキー関係の書き物における誤りの指摘」がある。単に事実の誤りを正すという以上に、この著者は、第三者の曖昧な記述や、資料の杜撰な扱いや、法螺話、気軽なでっちあげのたぐいに我慢がならなかったのだろう。

このような著者の厳密な態度は、しかしながら、よくある厳密のための厳密、学者馬鹿の神経症的な整理整頓やきれい好きとは異なる。著者は序文で、この本は政治史でもなければトロツキーに関する人物論でもなく、ヴァン・エジュノール個人の回想であり、将来の本格的なトロツキー研究のための基礎資料なのだと断っている。もちろんこの本は貴重な一次資料として、歴史学者やトロツキー研究家の役に立つだろう。だが、私たち一般読者にこの本が与える印象は、無味乾燥な資料ではなく、独特の奥行きをもつ記録文学のそれである。ヴァン・エジュノールの言う「一見なんの面白味もない細部」の列挙を辿るうちに、私たちの眼前には一九三〇年代という慌しく奇っ怪な時代背景が浮びあがり、その背景の前でスポットライトに照らし出されるのは、言うまでもなく、類い稀な強さと、時には私たち読者の微苦笑や溜息を誘うような弱さとを兼ねそなえた生身のトロツキーそのひとである。そして大勢の脇役たち――ナターリヤ夫人や、トロツキーの子供たちや、マルロー、リベラ、ブルトン、フリーダ・カーロ、その他の有名無名の文化人や政治家、あるいは各国のトロツキストや青年秘書たち、更には官憲やゲ・ペ・ウのスパイたち――とトロツキー本人との関係は、恐らくいまだかつて誰もなし得なかったほど、淡彩ではあるが、みごとに活写されている。これほどの活写を可能にしたものは、やはり著者自身の内部を流れた厖大な量の時間であろう。この本のなかで語っているのは確かに現在の著者、すなわちトロツキーの死後四十年も生きつづけ、その後の世界の移り行きを見てしまった老人なのだが、一方、生身のトロツキーやその周辺の人びとを見たのは一九三〇年代のヴァン・エジュノール青年の、感じやすく、しかも冷静な目だったのである。老人と青年は互に確かめ合い、支え合って、一つの豊かな回想の流れを生み出している。「一見なんの面白味もない細部」はその流れのなかのきらめく波頭ででもあろうか。「それらの細部を知っているのは私一人であり、自分とともにそれらが失われることを私は望まない」と著者は言う。これは芸術文学の領域にも通じる考え方である。

著者ヴァン・エジュノールの厳密性はそのようなものである。つまり、掛け替えのない、取返しのつかぬ過去の日々は、掛け替えがないゆえに貴重であり、取返しがつかぬからこそ感傷に浸蝕されやすく、脆く、こわれやすい。従って過去を扱う者には慎重な方法と、謙虚な態度が要求される。最も厭うべき傾向は、観念や利害や党派根性に由来する傲慢や精神的粗暴である。「この分野では並々ならぬ慎重さというものが必要である」（二五一ページ）。ところで傲慢や粗暴はファシストやスターリニストの、あるいは「ただの穴埋めに大急ぎで情報を漁るジャーナリスト」（二五七ページ）の特徴の一つではなかったか。彼らの手による過去の改竄や贋造や抹殺にたいする憤りが、この本の著者の最も深いモチーフの一つであったことは疑う余地がない。そのようなモチーフから出発してこそ、傲慢には謙虚を、粗暴には慎重を対置し、こうして記録文学に必要な高度の厳密性へ至る道を歩むことが可能になるのだろう。

時たま丹念な叙述の均衡が破れ、ことばの間からなまなましい地肌のようなものが透けて見える場合が、この本のなかに何カ所か認められる。その一例としては「誤りの指摘」の最終ページで、トロツキー夫妻のコヨアカンの家の寝室に置かれたスターリンの胸像を指して「脱糞」と形容しているくだりを見よ。数十年前の故事を語る老人の姿は突然消え、血気盛んなヴァン・エジュノール青年が前面に躍り出る。その激しい息ざしを感じながら、私たち一般読者はこのような均衡の破綻をむしろ好ましいものとして受けとめるのである。

＊

この翻訳の原本は一九七八年にハーヴァード大学出版局から出た「*With Trotsky in Exile, from Prinkipo to Coyoacán*」であるが、同じ時期にフランスでは Les Lettres Nouvelles/Maurice Nadeau から「*De Prinkipo à Coyoacán, Sept Ans auprès de Léon Trotsky*」が出ている。更に翌一九七九年にはメキシコの Editorial Nueva Imagen から、「*Con Trotsky, De Prinkipo a Coyoacán* 〈*testimonio de siete años de exilio*〉」が出版された。これら英語版、フランス語版、スペイン語版の三者を比べてみると、次のようなことが分った。著者ヴァン・エジュノールは彼の母語であるフランス語でまず原稿を書き、それを自ら英語に訳したのである。そして英訳にあたっては若干のパラグラフの順序を入れ替え（特に「プリンキポ」の前半部分において）、アメリカの読者のために説明的語句を付け加え（例えば「フランスの作家、ジョルジュ・シムノン」などと）、ごく僅かの新しい文章を書き加えた。本訳書では、パラグラフの順序はフランス語版の通りにし、日本の一般読者には不必要と思われる英語版の説明的語句はすべて削り、英訳の際に書き加えられた新しい文章は、なくもがなの説明的性質のものを除いて、ほぼ活かした。例えば九四ページの「私の記憶に誤りがなければ、マルローは一度も私たちと一緒に食事をしなかった」はフランス語版にはない。スペイン語版は「フランス語のオリジナル版より翻訳」という断り書きがあり、ほとんど百パーセント、フランス語版と一致するが、ただ一カ所だけ例外がある。コヨアカンでのトロツキー夫妻とフリーダ・カーロの奇妙な三角関係を語っている部分で、著者は次のように書いた。

フリーダが農園《アシエンダ》を訪ねたことを知ったナターリヤは、釈明を求める手紙をトロツキーに出した。フリーダと切れることは自分の義務であると考え、それを実行したばかりのトロツキーは、ナターリヤに宛てた返事で、そのような疑問は《愚かしく、嘆かわしく、きわめて利己的なもの》であると書いた。しかしまたトロツキーはナターリヤを《私の犠牲者》と呼び、自分は今《憐れみと後悔と……そして苦悩の》涙を流しているとも明言している。（一九五ページ）

ところが同じヴァン・エジュノールの編集による「トロツキー夫妻の書簡（一九三

三一一九三八）」を参照すると、まず第一に、ナターリヤの手紙（一九三七年七月十一日付）は「釈明を求める手紙」などではない。ちょっぴりフリーダへの反感を洩らしてはいても、ナターリヤ夫人は自分が鼻炎に罹ったため、トロツキーの滞在する農園へ訪ねて行けないことを、くどくどと書いているだけである。第二に、トロツキーの返事（同年七月十二日付）で《愚かしく、嘆かわしく、きわめて利己的》とされているのは、夫人の糾明のことばなどではなく、トロツキー自身の「疑問」（すなわち二十年以前のナターリヤの「不貞」に関する疑惑）なのである。右に引用した一節を読めば、トロツキーは一方では妻を批判し、また一方では妻への愛情を吐露しているように読めるが、（訳者の参照した「書簡」のスペイン語訳に誤訳がないとすれば）トロツキーは実はナターリヤへの嫉妬まじりの強い愛着を語っているだけであり、批判の対象は自分自身の猜疑心なのである。この部分はどうやら著者ヴァン・エジュノールの勘違いで、スペイン語版の訳者も恐らくこの点に気づいたのだろう、右の引用部分の「そのような疑問は《愚かしく……》」に始まる一文をあっさりカットしている。この箇所だけがスペイン語版とフランス語版との相違である。本訳書では著者の原文をそのまま訳しておいた。

＊

人名、地名、その他の事項についての訳註は、前後の文脈を理解するために必要と思われるもののみ、ごく少数にとどめた。人名事典その他の参考図書によってもなかなか調べにくいトロツキー周辺の人びとについては、幸い前記の「トロツキー夫妻の書簡」の巻末に簡単な人名表があるので、それによって生没年などを記しておく。

一九八一年現在、存命しているのは、ジェラール・ロザンタール（一九〇三―）、レーモン・モリニエ（一九〇四―）、オットー・シュスラー（一九〇五―）、ヤン・フランケル（一九〇六―）、イヴァン・クレポー（一九一一―）、リタ・ヤコヴレヴナ、セアラ・ジェイコブズ、ジャンヌ・マルタンらである。

物故者は、アルフレッド・ロスメル（本名はアルフレッド・グリオ、一八七七―一九六四）、ピエトロ・トレッソ（一八九三―一九四四?）、ジャン・メシュレール（一八九四―一九四二）、アンリ・モリニエ（一八九八―一九四二）、ルドルフ・クレメント（一九一〇―一九三八）、ジョゼフ・ハンセン（一九一〇―一九七九）である。このうち、ルドルフ・クレメントは本文にも述べられているように一九三八年七月、（恐らくゲ・ペ・ウによって）パリで惨殺された。ジャン・メシュレールは第二次大戦中、ドイツ軍によって銃殺された。

二〇七ページに出てくるラーエ・スピーゲルは後年のラーヤ・ドゥナイエフスカヤである。二五二ページと二五三ページのDonzelは、四〇ページに出てくる翻訳家モーリス・パリジャニン（一八八三—一九三七）の本名である。

＊

著者名van Heijenoortはネーデルラント地方の姓であり、オランダでは「ファン・ハイエノールト」と読まれるのだろうか。しかし本文でも明らかなように、著者はフランス語を母語としてパリで育ち、自らを全くのフランス人と見なしているのだから、フランス風に「ヴァン・エジュノール」と読むのが適当であろう。フランスでも人によっては、外国姓であることを多少意識して「エジェノール」と読む場合があるかもしれない。山西英一氏訳の「追放された予言者・トロツキー」では「ハイエヌールト」と記されている。

＊

四九ページのウストリック事件については野沢協氏の御教示を頂いた。出版にあたっては草思社の平山潤二氏のお世話になった。両氏にお礼を申し上げたい。

一九八四年十月

訳　者

解説　メキシコ時代の足跡を歩く

牧村健一郎

一九七〇年代前後に学生生活を送った者にとって、トロツキーの名は特別の響きをもっていた。若者の反乱の時代であり、新左翼がキャンパスや街頭でさかんに活動していたころだ。ロシア革命の立役者でありながらスターリンに追放、暗殺された悲劇の革命家として、永続革命を唱える不屈の思想家として、はたまた真逆に「極左暴力集団」の元祖として、私のように学生運動とは無縁だった者にも、その独自の風貌とあいまって、この人物は強い印象を与えた。自伝『わが生涯』やアイザック・ドイッチャーのおそろしく分厚い評伝三部作『武装せる予言者・トロツキー』『武力なき予言者・トロツキー』『追放された予言者・トロツキー』に挑んだものだった。

トロツキーとは何者か。まず、簡単に生涯を概観したい。

一八七九年、ウクライナのユダヤ系富農の家に生まれ、若くして革命運動に参加、シベリアに流刑されるが一九〇五年、血の日曜日事件後の混乱期に帰国、ペテルブルク・ソビエト議長になるが逮捕、再び亡命。一九一七年、二月革命が起きると帰国し、レーニンと共に十月革命を指導、権力奪取に成功する。赤軍を創設しソ連の最高指導者のひとりになるがレーニン死後、スターリンと対立、追放され一九三一年、トルコの離島プリンキポ島に亡命、さらにフランス、ノルウェイを経て、三七年メキシコへわたった。亡命先でスターリン政治を糾弾し続けたが、四〇年、スターリンの刺客によって暗殺される。

本書『亡命者トロツキー』は、晩年の亡命先で秘書として七年間、生活を共にした著者による回想記であり、亡命中のトロツキーの暮らしぶり、性格が微細に描かれる。著者は経験と伝聞を峻別し、思い込みや恣意的な解釈を厳しく排し、事実をそっけないほどたんたんと記す。これがかえって人間トロツキーの魅力を、その弱さも含めて活写され、数あるトロツキー関連書のなかでも特別な地位を占めている。

著者エジュノールがトロツキーの住むプリンキポ島に着いたのは一九三二年、弱冠二十歳の若者だった。フランスでトロツキストとして活動中、その誠実さとフランス語、ロシア語の能力が買われ、トロツキーの秘書に推薦された。身長一八〇センチを超えるがっしりした体格は、ボディガードとしても適任とみなされたのかもしれない。

いつも秘書兼護衛が数人、同じ家に住み、トロツキー夫妻の生活と安全を支えた。各国の支持者たちへの手紙、絶え間なく対立、分裂する組織の調整や助言、論文やパンフレットの執筆がトロツキーの日常だった。フランス語やドイツ語の手紙の口述筆記は書斎でエジュノールら秘書が担ったが、ロシア語の場合はロシア人タイピスト相手に、トロツキーは書斎と事務室を行ったり来たりしながらかなりの大声で口述した。「明確に発音される、リズミカルで音楽的な」言葉は隣室のエジュノールまで届き、「雄弁術がまだエレクトロニクスを利用できなかった時代に、大群集を前にしてトロツキーの喉の力がどれほどのものだったか、私は垣間見るような気がするのだった」。内戦を戦う前線の赤軍兵士を前に、軍用列車から降り立ったトロツキーが、腕を振り、拳を突き上げ、割れ鐘のような声で獅子吼してから、十余年たっていた。

ノルウェイからも追われ、メキシコの港町タンピコに、トロツキーと妻ナターリヤが着いた時に出迎えたのは、メキシコの国民的な画家、ディエゴ・リベラの妻、フリーダ・カーロだった。リベラは大統領に働きかけて亡命を実現させ、自分の名代としてフリーダを港に行かせたのだった。トロツキーはメキシコシティ・コヨアカンにあるリベラ夫妻の家、通称「青い家」に落ち着く。リベラ夫妻は当時、別の家に住んでいた。

私は十年ほど前、新聞のしごとでメキシコ時代のトロツキーの足跡を歩き、「青い家」を訪ねた。「青い家」は「フリーダ・カーロ美術館」として残っていた。塀や壁が鮮やかな青色にぬられたこの館には、多くのフリーダの絵が展示され、彼女のベッドや浴室もそのまま残されていた。だが、トロツキーの残影は見当たらなかった。

「青い家」。現在はフリーダ・カーロ美術館となっている。

この「青い家」でトロツキーは規則正しい、ストイックな日々を送るが、そのうち事件を起こす。フリーダとの恋愛だ。

インディオの血を引くフリーダは三十代半ば、その美しさと知性、情熱で人目を引く女性だった。いっぽう、五十代のトロツキーは革命家としての輝かしい経歴、豊かな知識、鋭いまなざしで、成熟した男の魅力にあふれていた。二人は急速に接近し、しばしば英語で話し、英語を知らないナターリヤは会話から取り残された。フリーダはloveという英語をしばしば口にした。二人はフリーダの妹クリスティの家で密会するようになる。亡命革命家と炎の画家の、危うい恋。

ディエゴはまったく感づいていなかった。異常に嫉妬深い彼が知れば、修羅場は免れない。かつてメキシコを訪れたイサム・ノグチとフリーダがねんごろになったとき、ディエゴは拳銃を手にノグチを追い回した。露見すれば大スキャンダルになり、政治的にも打撃を受ける。秘書のひとりがトロツキーを諫めたようだ。やはりまったく気づいていなかったというエジュノールは、のちにフリーダから直接いきさつを聞き、この微妙な出来事の詳細が明らかになった。本書の読みどころのひとつだ。

メキシコシティから車で北東に三時間行くと、サンミゲルレグラという町に着く。私は強烈な日差しに汗だくになりながら濃緑の林を歩き、かつてリベラの知人の農園だった別荘を訪ねた。二階建ての瀟洒なロッジ風の建物は今、ホテルになっており、支配人によると、ここにリベラやフリーダだけでなくトロツキーも来たという。トロツキーはフリーダとのアバンチュールを清算するため、妻としばらく別居、この別荘に滞在した。ここからトロツキーと「青い家」に残る妻は、何通もの手紙を交換する。ここでトロツキーは妻に「私の犠牲者」と愛を語る一方で、妻の若いころの恋愛話をむしかえしたりして、揺れ動く心情を露呈している。

あきれたことに、ことが収束してしばらくして、彼は別の女性に接近を企てた。「青い家」の塀の下に、万一の敵の襲撃に備えてはしごを常備すべきだとトロツキーは主張した。危急の際、このはしごを使って通りに脱出、近くの知り合いの若い女性の家にのがれるという段取りだ。だがそのころ、その女性にトロツキーは「露骨かつ執拗

上：トロツキーの仕事場。
下：トロツキーの使った文具、メガネが並ぶ仕事机。
メキシコシティ・コヨアカンの「トロツキー博物館」にて。

に」言い寄っていたというのだ。警備問題と恋の火遊びを一緒くたにするやり方にエジュノールは不快感を示し、この計画は幻に終わった。ここでエジュノールはこの女性の名を挙げていないが、ヘイデン・エレーラ著『フリーダ・カーロ─生涯と芸術』によると、フリーダの妹クリスティがその人らしい。緊急の避難先だからよほど信頼できる人物でなければならず、クリスティなら条件に合う。もし事実なら、トロツキーも相当なものだ。

トロツキーは亡命地にあっても常に背筋を伸ばして生きていた。思想面での自負、知的情熱はいささかの揺るぎもなかった。そこに力の源泉があったが、自信過剰もひそんでいた。ロシア語のタイプを打てる女性を探していたとき、ロシア語も話せ、タイプも打て、メキシコ行きも承知というチェコ人の若い女性が推薦された。ただおそらくスターリニストだ、という懸念があった。トロツキーはすぐさま「来てもらえばいい！　改宗させるさ！」と返事を書いた。まだ十八歳の小娘だ、陰謀をくわだてられるはずはない、しばらくすればこちらに同化するにきまっている、と。この娘が実際にやってきたかは不明だが、後に臨時の秘書だった女性の恋人になりすましたスパイに暗殺されたことを考えあわせると、ここに危うさをみることも可能だ。エジュノールは「十八歳の娘の心理についてのトロツキーの考えは若干浅薄である。ボードレールの洞察は遥かに深かった」と珍しく文学的なコメントを加えている。

来訪者との具体的なやりとりも、本書の魅力だ。シュールリアリズムの大家、アンドレ・ブルトンがやってきて意気投合した。だが肌合いの違いは争えない。芸術の将来について議論するとトロツキーは、未来の共産主義社会では芸術は社会に溶け込み、もはや絵は存在せず、すべての住居は美しく飾られる、と自説をとうとうと唱えて退席した。ブルトンは近くにいたエジュノールにつぶやく。「どんな時代になっても、小さな四角い画布に絵を描きたがる人間はいると思う。きみはそう思いませんか」。これではどちらが超現実主義者（シュールリアリスト）かわからない。

リベラと疎遠になって「青い家」から数百メートル先の屋敷に引っ越す。敵の襲来に備えて窓を塞ぎ、監視の搭を備えた「要塞の家」だ。現在、トロツキー博物館になっており、トロツキーの書斎、寝室、食堂、中庭には夫妻の墓がある。ここでついに悲劇が起きた。

トロツキーの孫
セーヴァ・ヴォルコフ氏。

私はメキシコ滞在の最後に、市内にお住まいのトロツキーの孫のセーヴァ・ヴォルコフさんを訪ねた。突然の訪問だったが、快く迎えてくれたヴォルコフさんはそのとき八十歳、青い瞳と大柄な体軀は、偉大な祖父をほうふつさせた。前妻との間の長女の子で、化学技師という。暗殺時は十四歳の少年、トロツキー夫妻と「要塞の家」に住んでいた。ゆっくりと、遠い日の記憶をたどった。

「学校から帰ってくると家の周りは警官が動き回り、なにか重大なことが起こったとすぐわかりました。家に入ると祖父は血だらけで食堂の傍の床に横たわっていました。まだ意識がしっかりして私を認めると『子供は近寄らせるな』といい、私は離されました」。暗殺者は書斎で論文を読むトロツキーの背後に回り、隠し持ったピッケルを頭に打ちおろした。ナターリヤは横たわる夫の手を握り、激しく泣いた。トロツキーは翌日、病院で死去した。エジュノールは前年に秘書生活に区切りをつけ、メキシコを離れており、アメリカでその死をニュース速報で知った。用心深いエジュノールがいたら、暗殺者をそばに近寄らせなかったかもしれない。

本書でトロツキーという人物に興味を抱き、気力、体力のある人には、先に述べたドイッチャーの評伝三部作をお勧めしたい。エジュノールは本書の「誤りの指摘」の項で、『追放された予言者・トロツキー』には多くの誤りがあり、「ドイッチャーの資料の用い方は、入念に資料を比較検討する歴史学者というよりも、ただの穴埋めに大急ぎで情報を漁るジャーナリストのそれに似ている」と厳しく批判している。後段の言い回しはジャーナリストのはしくれとしていささか異議はあるが、誤りについてはその通りなのだろう。だが、制約のない人生はないように誤りのない著作もない。エジュノールの批判を頭に入れたうえでこの長大な三部作を読み進めれば、二十世紀前半の、あの渦を巻くような激動の時代が、トロツキーという千両役者を軸に、まざまざとよみがえってくるだろう。

（ジャーナリスト）

写真提供＝牧村健一郎

「トロツキー博物館」の中庭にある
トロツキー夫妻の墓。

＊本書は、一九八四年に当社より刊行した『トロツキーとの七年間』を改題し文庫化したものです。

草思社文庫

亡命者トロツキー
1932 - 1939

2019年4月8日　第1刷発行

著　者　ジャン・ヴァン・エジュノール
訳　者　小笠原豊樹
発行者　藤田 博
発行所　株式会社 草思社
〒160-0022　東京都新宿区新宿1-10-1
電話　03(4580)7680(編集)
　　　03(4580)7676(営業)
　　　http://www.soshisha.com/
本文組版　有限会社 一企画
本文印刷　株式会社 三陽社
付物印刷　株式会社 暁印刷
製本所　加藤製本 株式会社
本体表紙デザイン　間村俊一

ISBN978-4-7942-2390-6　Printed in Japan
地図トレース　株式会社 千秋社